오늘 한 걸음 더
다가서겠습니다

# 오늘 한 걸음 더 다가서겠습니다

언제나 흔들림 없는 국민의 편, 전현희

전현희 지음

ⓒ 전현희, 2023

초판 1쇄 인쇄일 2023년 12월 22일
초판 1쇄 발행일 2024년 1월 2일

ISBN 979-11-5706-328-4 (03340)

만든 사람들

| | |
|---|---|
| 기획편집 | 에디터스랩 |
| 디자인 | 푸른나무디자인 |
| 홍보 마케팅 | 최재희 신재철 김예리 |
| 인쇄 | 아트인 |

| | |
|---|---|
| 펴낸이 | 김현종 |
| 펴낸곳 | ㈜메디치미디어 |
| 경영지원 | 이민주 김도원 |
| 등록일 | 2008년 8월 20일 제300-2008-76호 |
| 주소 | 서울시 중구 중림로7길 4, 3층 |
| 전화 | 02-735-3308 |
| 팩스 | 02-735-3309 |
| 이메일 | editor@medicimedia.co.kr |
| 페이스북 | facebook.com/medicimedia |
| 인스타그램 | @medicimedia |
| 홈페이지 | www.medicimedia.co.kr |

# 오늘 한 걸음 다 다가서겠습니다

전현희 지음

언제나 흔들림 없는 국민의 편, 전현희

메디치

# 국민 곁으로 한 걸음 더 내딛는 오늘

일엽편주에 몸을 싣고 혼자서 거센 폭풍우를 헤쳐나가는 심정으로 국민권익위원장 마지막 1년의 임기를 마쳤다. 몸도 마음도 만신창이로 상처뿐인 영광이었지만, 그 혹독한 시련이 나를 한 뼘 더 성장시킨 것만은 분명하다. 모든 것이 더 또렷해졌다. 내가 왜 정치를 해야 하는지, 어떤 자세로 정치를 해야 하는지…. 현실 정치에 참여한 이후 이제껏 흐릿했던 그 모든 질문에 분명히 답할 수 있게 되었다. 세상 공짜는 없는 법이다.

한때 내 앞에는 꽃길만 펼쳐져 있을 줄 알았다. 치과의사로 사회생활을 시작하고, 사법고시에 합격하여 최초의 치과의사 출신 변호사로 명성과 영광을 누렸다. 그때 만해도 내게 세상은 밝고도 환한 곳이었다.

하지만 인생은 생각지도 않은 곳으로 나를 이끌었다. 우연한 인연으로 수십 명의 혈우병 환아들의 집단 에이즈 감염사건 변론을 맡으면서, 사회적 약자와 소외된 사람들과 함께하면서 세상의 부조리와 어두운 면을 처음으로 접하게 되었다. 그때까지 내가 알던 세상은 화려한 가림막에 불과했다는 생각이 들었다. 그 가림막 뒤에는 누구도 돌아보지 않는 아프고 쓰라린 삶들이 펼쳐져 있다는 걸 알게 되었다. 혼자서 불의한 세상을 아무리 바로잡으려고 해도 심각하게 기울어진 대한민국 기득권의 운동장에서는 쉽지 않았다. 부조리와 불의에 맞서 우리 사회를 변화시키려면 내게 좀 더 힘과 권한이 있어야 했다. 정치에 발을 들이게 된 이유다.

두 번의 국회의원 임기를 마치면서 이 사회의 불의와 부조리를 바로잡기 위해 나름 최선을 다하였다. 문재인 정부에서 사회적 갈등을 조정하고 해결하는 국민권익위원회장으로서 일하게 된 것은 어릴 때부터 품었던 나의 소명을 실천할 수 있는 운명적인 역할이었다. 권익위원장 3년의 임기 동안 소외된 사회적 약자들과 더 가까이에서, 더 많은 국민의 목소리를 듣고 민원을 해결할 수 있었다. 그리고 한해 천만 건 이상에 달하는 수많은 국민들의 민원을 좀 더 근본적으로 해결할 수 있는 법과 제도를 개선하는 일을 행복한 마음으로 마음껏 해 왔다.

비록 마지막 임기 1년 동안은 나를 사퇴시키려는 윤석열 정권의 압박과 감사원의 표적감사로 힘든 시기를 보냈지만, 굴하지 않고 오히려 보란 듯이 더 열심히 권익위원장으로서의 역할을 수행하려고 노력했다. 정권의 정치적 탄압이 진행된 1년간의 긴 터널을 통과하면서 이제 나는 새로운 출발점에 서 있다.

그동안 치과의사, 변호사, 국회의원, 행정부의 장관급 기관장인 국민권익위원장으로서 다양한 경험과 지혜를 축적하였다. 이제 새로운 출발점에 선 나는 이 보물 같은 경험과 지혜를 더 나은 대한민국과 국민을 위한 나의 소명을 위해 마음껏 쓰고 싶다! 대한민국의 사회적 약자와 소외된 국민들의 어려움을 살피고 함께하는 것이 새로운 출발점에 선 나의 소명이다. 나의 능력이 필요하고 국민의 부르심이 있다면 마다하지 않을 생각이다.

이 책은 정치적 탄압을 받으면서 내적으로 더욱 단단해지고 성

숙해진 나의 성장과 지향에 대한 고백이다. 힘들 때 곁을 지켜준 친구가 진정한 친구라고 한다. 내가 힘들 때 그 터널을 함께 걸어간 많은 소중한 이들을 기억한다. 국민권익위원회에서 함께한 소중한 인연들과 앞이 보이지 않는 암흑의 터널 속에서 힘들게 헤매고 있을 때 힘내라고 응원하고 조언해주신 분들은 평생 잊지 못할 은인들이다. 같이 가슴 아파하며 힘내라고 따뜻한 응원을 해주신 수많은 국민들께도 감사드린다.

거리에서, 강연장에서, 집회장에서, 유튜브에서, 온라인상에서 처음 만난 국민들의 뜨거운 응원은 절망에 빠진 나를 다시 일으켜 세우는 큰 힘이었다. 모든 분들에게 진심으로 감사드린다.

그 응원과 지지에 힘입어, 나는 국민 곁으로 오늘도 한 걸음 더 다가서고자 한다.

2024년 1월

전현희

# 차례

## 3부

# 언제나 국민의 편, 변치 않는 국민바라기

# 1부

## 길이 끝난 곳에서 길은 다시 열리고

출처: 연합뉴스

# 법의 정신이
# 무너진 세상

## 끝이 아닌 새로운 시작

"첫인사를 드리고 막중한 책임과 다짐을 새겼던 그 날이 엊그제 같은데, 벌써 3년이 지났습니다. 그동안 함께한 많은 날들이 마치 주마등처럼 스쳐 갑니다.

권익위원장으로서의 지난 3년은 순탄치 않은 시련의 연속이었습니다. 저의 재임 기간에 시작된 전 세계적인 코로나 팬데믹으로 특히 대외적인 현장 업무가 많은 권익위의 업무 활동에 많은 제약을 겪었고, 임기 마지막 1년 동안은 정무직 사퇴 압박과 감사원의 집중 표적감사를 받느라 사실상 권익위 업무가 마비되다시피 하는 어려운 환경에 놓이게 되었습니다.

그러나 이런 열악한 상황에서도 저와 권익위의 가족들은 흔들리지 않고, 더 청렴한 대한민국을 만들기 위한 각고의 노력과 국민들의 고충민원을 가장 가까이서 듣고 해결하는 국민권익 구제 활동에 최선을 다해 왔습니다."

지금도 눈을 감으면 그 순간이 선연히 떠오른다. 국민권익위원장 3년의 임기를 마치고 국민권익위원회 가족들 앞에서 이임사를 발표하던 그 순간이. 마침내 임기를 마쳤다는 안도감에 가슴이 벅차 말을 잇기도 힘든 그 순간, 지난 3년의 날들이 주마등처럼 스쳐 지나갔다.

21대 국회의원 선거에서 고배를 마시고 숨 고르기를 하던 내게 국민권익위원회의 위원장으로 일해 달라는 요청이 왔던 순간부터 코로나 팬데믹으로 사회적 거리두기를 하면서 국민의 고충민원을 직접 듣거나 이해관계를 조정하기 위해 전국의 민원 현장을 찾아 나섰던 순간들, 그 현장에서 고충을 털어놓는 민원인들의 간절한 표정과 말투….

하지만 그 무엇보다 정권이 바뀌면서 임기 1년을 남긴 내게 쏟아진 전방위적 사퇴 압박과 감사원 표적감사의 날 선 공격들! 이로 인해 권익위원장인 나를 포함한 권익위 전체가 피폐해진 아찔한 상황들이 눈앞에 파노라마처럼 펼쳐졌다.

그런 순탄치 않은 환경에도 불구하고 국민의 고충과 민원이 있는 현장을 찾아다녔다. 그곳에서 그 목소리를 직접 듣고, 해결 방법을 강구했다. 부처 간의 협의와 조정을 통해 적극적으로 문제를 해결해 나갔다. 민원이 해결된 후 원망 가득했던 민원인들에게 감사의 인사를 받던 순간의 뿌듯함은 내가 겪었던 그 모든 어려움에 대한 보상으로 충분했다. 나아가 단순한 고충민원의 해결뿐만 아니라 제도적으로 국민의 권익을 보호하기 위한 법안을 마련하고, 제기된 민원을 통해서 좀 더 적극적으로 국민의 불편을 해소하고 권익을 보호할 수 있는 시스템을 갖추었다. 임기를 마치고 위원장직에서 물러나는 나로서는 다행한 일이 아닐 수 없었다.

　　물론 이 모든 성과는 결코 나 혼자 이룬 것이 아니다. 여러 가지로 부족한 위원장과 함께 국민권익위원회 가족 모두가 함께 땀 흘리며 이룬 귀한 성과였다. 이들은 위원장과 함께 민원의 현장으로 달려가고, 부처 간의 협력을 이끌어 내기 위해 담당자들과 치열하게 논의했다. 법안의 부족함을 메우기 위해 조문 하나하나를 짚어 가며 몰두하고, 시스템을 갖추기 위해 머리를 맞댄 것도 국민권익위원회 가족이었다. 고집스럽고 집요하게 일해 주길 바라는 위원장의 뜻을 좇아 좌고우면하지 않고 국민의 권익을 위해서만 애써 준 직원들에 대한 고마움과 미안함에 이임사를 읽는 내내 가슴이 뻐근했다.

　　특히 임기 마지막 1년 동안 나를 향한 표적감사로 고된 시간을 보내야 했던 직원들이 눈에 들어왔을 땐 준비한 이임사를 읽던 눈이 흐려지기도 했다. 새로 들어선 정부가 출범한 지 얼마 안 지나 전 정권에서 임명한 기관장은 물러나야 한다는 여론전이 시작되었다. 결국 그 순간부터 예고된 사퇴 압박은 갈수록 강도를 높이며 모두의 숨통을 조여 왔다. 그랬음에도 불구하고 거의 모든 직원이 내가 권익위원장으로서 임기를 마칠 수 있도록 함께 버텨 주었다. 그 과정에서 그들이 겪은 고초와 불명예를 생각하면 단순히 고맙다는 말을 전하는 것만으로는 부족했다. 그래서 이임사의 마지막에 그들에 대한 감사의 마음을 진솔하게 담았다.

"마지막으로 권익위 가족 여러분께 '존경합니다. 그리고 사랑합니다. 그동안 정말 감사했습니다.' 이 말씀을 꼭 드리고 싶습니다. 권익위 가족 여러분과 함께했던 순간들을 마음속 깊이 소중히 간직하고, 앞으로 국민의 한 사람으로서 어디에서든 국민들께 힘이 되는 든든한 국민 편 국민권익위를 항상 응원하겠습니다.
모두 건강하고 행복하길 진심으로 기원합니다.
감사합니다."

속울음을 삼키면서 마지막으로 '감사합니다.' 하고 고개 숙여 인사할 때 다시 한번 다짐했다. 빈말이 아니라 권익위 가족 여러분이 보여준 믿음과 사랑을 버팀목 삼아 앞으로 살아가는 내내 오직

전현희 위원장 이임식

일시 ┃ 2023년 6월 27일(화) 17:00 ┃ 장소 ┃ 7동 대회의실 ▣ 국민권익위원회

감사하게도 갈수록 거세지는 사퇴 압박에도 거의 모든 직원이 내가 권익위원장으로서 임기를 마칠 수 있도록 함께 버텨 주었다. 이임식을 하는 순간 다짐했다. 여러분이 보여준 믿음과 사랑을 버팀목 삼아 앞으로도 오직 '국민의 편'에 서겠노라고. (출처: 연합뉴스)

'국민의 편'에 서겠노라고.

이임사를 마치고 권익위 가족들의 배웅을 뒤로 하고 곧장 집으로 돌아왔다. 집에 들어서는 순간, 팽팽했던 긴장이 풀리고 다리에 힘이 빠졌다. 오랜만에 거실 소파에 등을 기대고 앉았다. 누구에게도 내보일 수 없던 복잡한 감정이 앞다퉈 튀어나왔다. 참으로 끈질기던 정부 여당의 사퇴 압박과 감사원의 표적감사에 당당히 대응하며 마침내 법이 보장한 임기를 마쳤다는 후련함에 날아갈 것 같았다. 국가의 무관심과 홀대 속에서 원망을 쌓아 갔던 민원인들의 권익을 되찾아 주었을 때의 보람은 생각만 해도 미소가 절로 지어졌다. 한편 아직 다 처리하지 못하고 남겨둔 일들을 떠올리면 여전히 부담감이 어깨를 짓눌러 왔다. 또한 이제껏 우리 국민이 피땀 흘려 이룬 것을 1년도 안 되어 30년 이상 후퇴시킨 걸 생각하면 울분이 차오르기도 했다.

하지만 지난 1년의 모진 일들은 어찌 보면 나에게 더없이 값진 시간이었다. 치과의사에서 시작해서 변호사로, 변호사에서 다시 국회의원으로 변신해 온 나의 초심을 더 분명하게 깨우친 시간이었기 때문이다. 더불어 정치가 무엇인지, 정치를 하기 위해서는 어떻게 해야 하는지를 그 어느 때보다 치열하게 고민한 시간이었기 때문이다. 그리고 결국 앞으로 내가 이뤄야 할 소명이 '국민 곁으로 한 걸음 더 다가서는 일'이라는 확신을 얻은 시간이었기 때문이다.

# 굳이 올 필요 없는 사람, 대통령의 선전포고

"명나라를 치려 하니 길을 빌려 주시오."

일본을 통일한 도요토미 히데요시가 조선을 상대로 전쟁을 일으키기 전, 조선에 사신을 보내 이렇게 요구했다고 한다. 일명 '가도입명(假道入明)', 조선을 7년 전쟁으로 몰아넣은 명분이자 선전포고였던 셈이다. 크든 작든 전쟁을 치르려면 대내외에 알릴 전쟁의 명분이 필요하다. 이 명분이 전쟁이라는 폭력을 정의(正義)로 포장할 수 있기 때문이다. 당연히 조선은 일본의 요구를 받아들이지 않았다. 결국 자신의 요구를 수용하지 않았다는 이유로 도요토미 히데요시는 치열한 내전으로 단련된 군사를 동원하여 조선을 침공한다. 우리가 너무나 잘 아는 임진왜란 이야기이다.

선전포고는 대체로 전쟁을 벌이는 이유를 정의로 포장하기 위해 물리쳐야 할 적을 조롱하여 모욕감을 주거나 불의한 세력이라 비방하기 마련이다. 달리 말하면 누군가에게 모욕적인 언사를 퍼붓거나 정의롭지 못하다고 누명을 씌우는 행위는 일종의 선전포고라고 볼 수 있다. 임기를 마친 뒤 치열하게 싸워 왔던 시간을 돌아보니 당시에 윤석열 대통령이 무심히 던진 듯한 그의 한마디가 비수처럼 날아와 박혔던 기억이 생생하다.

2022년 6월 17일, 윤석열 대통령 취임하고서 한 달쯤 지난 날이었다. 윤석열 대통령의 취임 초기에 요란했던 용산 대통령실의 이른

바 '도어스테핑'에서 기자들과 나눈 문답에서였다. 국민권익위원장인 나와 한상혁 방송통신위원장의 국무회의 참석 여부를 묻는 기자들의 질문에 윤석열 대통령이 했던 대답, '굳이 올 필요가 없는 사람…' 바로 그 한마디가 내가 윤석열 정권과 벌였던 1년간의 전투를 시작하는 선전포고였던 셈이다.

당시 뉴스로 이 발언을 접하면서 나는 내 귀를 의심했다. 비록 출신 정당이 다르긴 하지만 이제 정치적 중립 의무를 지키며 대한민국 행정부를 대표해야 하는 일국의 대통령이 할 말은 아니었기 때문이다. 그는 대수롭지 않은 듯 이렇게 한마디 던지고 기자들을 지나쳤다.

"다른 국무위원들이 마음에 있는 얘기들을 툭 터놓고 비공개 논의도 많이 하는데, '굳이 올 필요가 없는 사람들'까지 다 배석시켜서 국무회의를 할 필요가 있나 하는 생각은 있습니다."

내가 잘못 들었나? 국무회의가 마음 맞는 사람끼리 모여 사적인 대화를 나누는 동호인 모임은 아니지 않은가? 혹시 국무회의를 직장 동료들끼리 하는 회식 자리라 여기는 건가? 국정운영을 위해, 주권자인 국민을 위해 정부가 해야 할 일을 돌아보고, 각 부처가 서로의 역할을 협의하고 상호 협력할 바를 조율하는 자리가 바로 국무회의가 아닌가? 그런 이유로 국무위원 외에도 헌법과 법률상 특정 역할을 맡은 기관장들이 함께 참여하여 국정운영의 방향이 국민에게 불이익이 안 되도록 균형을 잡아 주는 그런 공식적 회의가 아닌가?

나는 국무회의를 마치 사적 모임인 양 마음에 안 드는 장관급 기관장은 올 필요가 없다고 공개적으로 발언하는 대통령의 발상을 도무지 이해할 수 없었다. 이런 생각의 밑바닥에는 자신을 헌법과 법률 위에 군림하여 법치주의를 무시해도 되는 '제왕적 대통령'이라 착각하고 있는 게 아닌가 하는 합리적 의심까지 들기 시작했다. 더군다나 이 발언은 지금까지 국민권익위원장과 방송통신위원장이 국무회의에서 해 왔던 법률상의 역할을 완전히 무시하는 발언이었다. 그런 점에서 누구보다도 더 많이 각 기관의 역할과 가치 그리고 정부 시스템의 기능을 꿰고 있어야 할 대통령의 발언이라기엔 도저히 이해할 수 없는 표현이었다.

대통령의 이 발언이 나에 대한 선전포고였다는 것을 확인하는 데는 오랜 시간이 필요치 않았다. 대통령의 발언이 나온 직후 나와 한상혁 방통위원장에 대한 집권 여당인 국민의힘 권력 실세 국회의원들의 사퇴 압박이 시작되었다. 그야말로 기다렸다는 듯한 총공세였다.

국민의힘 지도부 의원들은 나를 향해 맹비난을 퍼부었다. "지난 정부에서 임명되었는데 새로운 정부에서 여전히 버티고 있는 것은 몰염치한 일"이라고 했다. "수치심을 모르는 후안무치한 인사"라고도 했다. "알박기"라는 모욕적 발언을 서슴지 않고 "당장 사퇴하라."고 강요하였다. 심지어 내가 "고액 알바"를 하고 있다는 저열한 비난도 동원되었다. 이러한 국민의힘 의원들의 공개적인 모욕적 언사를 보수 언론들은 또 그대로 받아 적으며 확성기 역할을 톡톡히 하고 있었다.

윤 정부와 여당은 국민권익위원장의 임기가 법률로 보장되어 있어 강제로 사퇴시킬 수 없으니 보수 언론과 극우 유튜버 등을 총동원하여 공개적 망신 주기에 나선 듯했다. 나를 파렴치범으로 만들어 끌어내리려는 전략이었다. '윤심'을 뒷배로 삼아 모두 충성경쟁이라도 하듯 행동대장으로 나선 형국이었다. 이렇듯 윤석열 대통령의 도어스테핑 발언은 나를 향한 공격을 알리는 신호탄이었다. 그리고 지금까지 끝나지 않은 전쟁의 선전포고였다.

국민권익위원회는 법률이 보장하는 '독립적 기구'이다. 이를 보장하기 위해 권익위원장의 임기는 3년으로 법률이 정하고 있다. 그런 만큼 권익위원장은 정치적 중립과 독립성을 지키기 위해 소속 정당을 가질 수 없다. 그래서 임명 당시 나는 더불어민주당을 탈당하여 법률이 정한 정치적 중립과 독립성을 유지하기 위해 노력했다. 그런 이유로 당적이 없던 상태라 집권 여당 실세들의 무자비한 사퇴 압박 총공세를 고스란히 홀로 견뎌야만 했다.

지난 정부에서 임명되었던 또 한 사람의 기관장인 방송통신위원회 한상혁 위원장 역시 사퇴 압박을 받긴 마찬가지였다. 방송통신위원회도 국민권익위원회처럼 독립 기관이며, 법으로 위원장의 임기가 정해진 기관이다. 하지만 윤석열 정권의 사퇴 압박을 받던 한상혁 위원장은 'TV조선 재승인 의혹'에 대한 감사원의 감사와 검찰의 수사로 결국 무리하게 기소되었다. 이후 공소 제기된 혐의에 대한 법원의 확정판결도 없이 임기를 두 달 남짓 남기고 면직 처분되고 말았다.

그 과정은 대한민국 최고의 법 기술자들의 현란한 기술을 보는 듯하여 너무도 참혹했다. 법치주의를 부르짖던 검찰 정권에 의해 도리어 법치주의가 유린당하는 대한민국의 참혹한 현실을 나는 현장에서 두 눈으로 똑똑히 지켜본 것이다.


## 선택의 갈림길에서 택한 불의와의 싸움


솔직히 고백하자면 나 역시 거취 문제를 고민하지 않았던 건 아니다. 윤석열 후보가 대통령으로 당선되어 정권이 막 교체될 때 어떤 길을 선택할까 한동안 고민했었다. 전임 문재인 대통령으로부터 임명되었고, 더불어민주당 소속 재선 국회의원이었던 내가 과연 이 정부에서 계속 일을 하는 것이 옳을까? 어떻게 보면 이런 고민은 지극히 당연한 일이었다. 국민권익위원회 위원장으로서 법률이 정한 의무를 다해야 할까, 나의 정치적 지향에 따라 사퇴할까 선택의 갈림길에서 갈등하던 나는 가까운 지인들과 권익위 직원들에게 이런 고민을 토로하기도 했다.

그러나 이러한 나의 고민이 얼마나 순진한 고민이었는지는 윤석열 대통령 취임 한 달이 지나면서 분명해졌다. 윤석열 정권하에서 나는 스스로 사퇴 여부를 결정할 수 있는 권한조차 없었다. 남은 것은 오직 권력에 의해 강제적으로 쫓겨나느냐? 아니면 무릎 꿇고 굴복하느냐? 그 두 가지 선택지밖에 주어지지 않았다. 그리고 이제 막 권력을 잡은 윤석열 정권은 아직 사퇴하지 않고 있던 나를 향해 무소불위의 권력으로 강압적인 사퇴 압박을 퍼붓기 시작했다.

그 무도한 공세를 받으며 나는 마치 불에 덴 듯 정신이 번쩍 들었다. 대체 나는 무엇 때문에 고민한 것일까? 법을 수호하는 법조인의 한 사람이자 국민의 공복으로 일해야 할 장관급 고위공직자로서 본분을 잊고 사적인 감정에 흔들린 것이 부끄러웠다. 헌법과 법률의 명령에 따라야 하는 공직자로서 마땅히 지켜야 할 자세와 사명감이 사퇴 압박의 공세 속에서 분명히 떠올랐다. 아이러니하게도 윤석열 정권이 나의 사퇴 여부에 대한 고민과 갈등을 단번에 해결해 준 셈이다.

법률로 정한 임기를 지키지 않고 정권의 무도한 사퇴 압박에 굴복하여 임기 도중에 그만두는 것은 곧 법치주의의 포기이자 국민권익위원회의 독립성을 무너뜨리는 일이라 생각했다. 윤석열 대통령도 검찰총장 시절 국회의 사퇴 압박에 직면했을 때 '임기는 국민과의 약속'이라며 반드시 지켜야 한다고 강조하지 않았던가.

한상혁 위원장 면직 이후, 나를 향한 윤석열 정권의 사퇴 압박은 더욱 거세게 휘몰아쳤다. 지난 정권에서 임명된 장관급 기관장은 단 한 명, 나만 남았으니 대통령과 여당에겐 분명 눈엣가시였을 것이다. 차관급인 권익위 부위원장 세 분도 윤석열 정권에서 검사와 판사 출신들로 차례로 교체되었다. 그리고 이들이 권익위 내부에서 위원장에게 사사건건 딴지를 걸며 나의 일거수일투족을 감시하는 상황에까지 몰렸다. 말 그대로 고립무원, 대내외적으로 철저하게 격리된 상황에서 나는 단기필마로 죽음 같은 공포를 느끼면서 피말리는 전투에 나서야 했다.

법을 존중하고 지켜야 할 대통령과 집권 여당 국회의원들이 법률이 정한 임기를 무시하며 법치주의를 무너뜨리는 상황은 내가 맞닥뜨린 믿기 힘든 현실이었다. 이 무도한 정권의 불의한 행태 앞에서 두렵다고 도망가는 것은 비겁한 일이었다. 결코 불의에 무릎 꿇지 않겠다고 수없이 다짐하며 이를 악물고 저들이 걸어온 싸움에 나도 물러설 수 없는 항쟁을 준비하기 시작했다.

국민의 권익을 수호해야 할 최후의 보루인 국민권익위원장이 국민과의 약속인 임기를 지키지 않고, 법치주의를 훼손하는 공범이 될 수는 없다는 생각이 더욱 확고해졌다. '공정과 상식' 그리고 '법치주의'를 국정철학으로 내세우며 출범한 윤석열 정권이 국민의 명령인 법률이 정한 국민권익위원회의 독립성을 훼손하며 공권력을 동원하여 사퇴를 압박하고 국민권익위원장의 임기를 위협하는 것. 결국 이 모든 '내로남불'의 악행은 내가 도저히 받아들일 수 없는 명백한 '불의(不義)'였다. 이에 저항하는 것은 국민권익위원장의 당연한 의무라 여겼다.

나는 더이상 망설이지 않고 당당히 맞서 싸우기로 결단했다. 그렇게 길이 끝난 곳에서 나는 아무도 가지 않은 새로운 길을 만들어야 했다.


## 부드러움에서 강인함으로


지난 1년간 윤석열 정권과의 투쟁 과정에서 나는 점점 더 강인한 투사가 되어 갔다. 하지만 3년의 임기 동안 국민의 권익을 지키기 위한 국민권익위원장의 역할에도 최선을 다했다. 민원 현장을 직접 찾아다니며 가슴 아픈 사연을 듣기 위해 전국 방방곡곡을 뛰어다녔다. 그리고 그들의 사연을 들으며 눈물도 많이 쏟았다. 그런 다음 그들의 어려움을 해결해 주는 국가가 곁에 있음을 보여주기 위해 권익위 직원들과 함께 최선을 다해 문제를 해결했다.

땅을 일구고 농사를 지으면 그 땅의 소유권을 주겠다고 국가가 국민과 약속했다. 그 약속을 믿고 대를 이어 농사를 지어 왔으나 갓난아이가 노인이 되도록 수십 년 동안 정부가 약속을 지키지 않았다. 강원도 양구 펀치볼 마을 주민의 사연이다. 이 일을 해결하는 과정에서 국민권익위원회가 왜 존재해야 하는지를 분명히 깨닫게 되었다. 땅을 개간하다가 한국전쟁의 와중에 남겨진 포탄이 터져 팔다리를 잃은 주민들의 억울하고 안타까운 얘기를 현장에서 들을 때엔 눈물이 절로 흘렀다.

정부의 약속만을 믿고 70년 동안 기다려 온 이분들의 한 맺힌 소원을 반드시 해결하리라고 다짐했다. 9개 부처에 달하는 관계부처 책임자들과 실무자들을 만나 협의하고 압박하고, 호소하는 일을 여러 달 이어 갔다. 권익위 직원들의 끈질긴 설득과 조정 끝에 마침내 서로에게 책임을 미루며 엉켜 있던 관계부처들이 협의하여 마침내 해결의 실마리가 풀렸다. 70년 동안 묵은 오래된 민원이 드디어 해법을 찾게 된 것이다. 참으로 감격스러웠고, 권익위원장으로서의 자부심을 느낀 순간이었다.

또 대한민국 국민이면 당연히 누려야 할 기본권을 못 누리고 사회와 격리된 채 지낸 이들이 있었다. 주거지와 닭장이 한데 엉켜 악취에 시달리는 열악한 주거환경에 방치된 경주 한센인들이 그들이었다. 그 참혹한 현장을 찾아 실태를 확인하고는 쏟아지는 눈물을 참을 수가 없었다. '대한민국에 아직도 이런 곳이 있구나.' 하는 생각과 함께 국가의 책임을 실감하였다.

변호사 시절 혈우병 치료제로 인한 에이즈(후천성 면역결핍증, Acquired Immune Deficiency Syndrome, AIDS)에 집단 감염된 혈우병 환아들을 위한 공익소송을 맡았을 때만큼 가슴이 아팠다. 억울하게 에이즈에 감염된 환아들과 가족들의 안타까운 사연을 듣고 소송을 진행하던 10년 동안 숱하게 울었던 기억이 떠올랐다.

마침내 권익위가 열악한 경주 한센인 마을의 주거환경을 개선하는 조정을 해결한 후 다시 한번 보람과 행복의 눈물을 흘렸다. 그리고 이 일을 계기로 역시나 열악한 주거환경에서 생활하는 다른 지역의 한센인들에게까지 국가의 손길이 돌아갈 수 있도록 조처했을 때 안도의 숨을 내쉴 수 있었다.

이렇듯 나는 눈물 많고 마음 여린 울보다. 게다가 평소 성격도 조용하고 목소리도 크지 않다. 법정에서 다툴 때도 큰소리를 내기보다 조곤조곤 설득력 있게 할 말을 하는 조용한 성격이다. 그래서 내게서 전사나 투사의 이미지를 떠올리기 어렵다고 하시는 분들이 많다.

하지만 나는 단단히 마음먹었다. 이 정권의 무도한 탄압 앞에서는 결코 눈물 흘리지 않겠노라고. 불의한 탄압에 겁먹고 눈물을 보인다면 불의에 무릎 꿇는 것과 다르지 않으니 당당하게 맞서리라고 다짐하고 또 다짐했다. 그렇게 무도한 정권에서 무너지지 않고 살아내기 위해서는 부드러움에서 강인함으로, 타고난 성격과 태도를 극복하고 서서히 투사로 자연스럽게 변신해야만 했다. 저들의 무도한 공세에 조용하고 부드러운 전현희로는 버텨 내기가 불가능했기 때문이다.

## 무너진 법치주의를 바로 세울 투사가 되어

어려서부터 울보였던 내가 나도 모르게 강인해지며 분연히 일어서는 순간이 있다. 바로 눈앞의 '불의'를 목격했을 때다. 그럴 때면 그 어떤 압박에도 굴하지 않고 떨쳐 일어섰다. 변호사 시절과 국회의원 시절 평소에는 온순하고 부드럽던 내가 눈앞의 불의를 보면 불같이 분노하고 끝까지 싸워 이기는 투사로 변하곤 했다.

윤석열 대통령이 도어스테핑 발언을 한 직후 기자들이 나에게 사퇴와 관련한 입장을 물었던 적이 있었다. 그 발언이 있기 전까지 사퇴 여부에 대해 인간적인 고민을 하고 있었지만, 기자들의 질문에 나는 "법률이 정한 권익위원장의 임기를 묵묵히 수행할 것"이라고 단호하게 대답했다. 법치주의를 무시하는 대통령의 발언을 들으며 이것은 불의라는 생각이 들었고, 당연히 불의에 굴복해 물러나서는 안 된다고 생각했기 때문이다.

물론 이제 모두가 아는 것처럼 그 답변과 함께 윤석열 정권의 무도한 탄압이 불에 기름을 끼얹듯 거세졌다. 그리고 1년 동안 나의 사퇴를 압박하는 거센 불의의 광풍이 휘몰아치기 시작했다.

대선 당시 윤석열 후보는 대한민국 국민을 향해 '공정과 상식'을 호소했다. 그리고 '법과 원칙'을 지키겠다고 장담했다. 법을 다루는 변호사 출신인 나에게도 '법과 원칙'은 너무나 당연한 '상식'이고 '공정'이었다. 그러니 법률이 정한 국민권익위원회 직무의 독립성과 국민권익위원장의 임기를 지키는 것 역시 너무도 당연히 '공정'하고도 '상식'적인 일이다.

그런데 후보 때와 달리 대통령이 되고 난 후 그는 '정치적 입장이 다르다.'느니 '국정철학이 서로 맞지 않다.'느니 하며 법으로 정한 위원장의 임기를 1년이나 남겨 두고 사퇴하라고 밀어붙였다. 그러니 나는 이런 정권의 터무니없는 궤변을 어떻게 받아들일 수 있었겠는가. 처음엔 정말 혼란스러웠다.

문재인 정부 시절, 국민권익위원장 임기를 마치면 정치를 그만둘까 생각한 적이 있었다. 가족과 함께 지내며 소소한 기쁨을 누리는 것은 어떨까 하고 말이다. 나이 드신 어머니를 모시고, 스스로 자신의 세계를 열어 가는 딸아이의 미래를 응원하면서 나도 평범한 소시민으로 행복을 누리고 싶다고도 생각했다. 나라와 국민보다 가족과 나 자신을 돌아보는 개인적인 삶을 누리고도 싶었다. 무엇보다 이 진흙탕 같은 정치권에서 벗어나 나와 가족만을 바라보며 소박하게 살고 싶다는 생각이 절실했었다.

하지만 윤석열 정권의 무도한 탄압에 직면하면서 나만의 행복을 바라는 소박한 삶을 감히 선택할 수는 없었다. 나는 너무도 분명한 불의를 앞에 두고 침묵하거나 방관할 수 없었다. 나의 방관은 당장 눈앞의 불의에 눈감는 것이었다. 그리고 정치를 하면서 '한결같이 국민의 편에 서겠다.'던 나와의 약속을 저버리는 일이었다.

결국 나는 윤석열 정권의 불의를 증명할 증인으로서, 운명적으로 역사의 현장에서 불의에 맞서 싸우는 투사가 되어야만 했다. 이 불의는 나 한 사람만 불행에 빠뜨리지 않고 대한민국과 국민 전체를 불행에 빠뜨릴 것이기 때문이다. 소박한 나만의 행복 찾기는 좀 더 미루어야만 했다. 이제 나는 윤석열 정권에 맞서 맨 앞에서 싸우는 투사가 되어야 하는 사명을 가지게 되었다.

## 환경부 블랙리스트 사건과 직권남용

물론 정권이 바뀔 때 지난 정부에서 임명된 기관장들이 관행적으로 사퇴하던 시절이 있었다. 때로는 새 정권의 눈치가 보여, 또 때로는 기관장 자신의 정책적 소신이 충돌하거나 개인적 문제로 그만둔 분들이 많았던 것도 사실이다. 문재인 대통령 재임 시절에도 임기를 못 채우고 사퇴한 기관장들이 여럿 있다. 그러나 정권이 바뀔 때마다 기관장의 임기를 두고 되풀이되는 이러한 정치적 논란에 종지부를 찍은 것은 아이러니하게도 윤석열 검찰총장 사단과 대법원이었다.

문재인 정부 당시 환경부 산하 공공기관에 전임 박근혜 정부에서 임명된 임원을 사퇴시켰던 적이 있었다. 이른바 '환경부 블랙리스트' 사건이다. 당시 임기가 남아 있던 산하 공공기관 상임감사가 사퇴를 거부하자 환경부 장관이 복무기강 감사를 통해 사표를 받았다. 이에 대해 대법원은 '직권남용 권리행사방해죄'를 인정하여 환경부 장관에게 '징역 2년'이라는 실형을 선고하였다. 이로써 그동안 "정권이 바뀔 때마다 반복되던 정치적 논란과 법을 위반한 사퇴 압박 관행은 없어져야 하고, 법률에 정해진 임기가 보장되어야 한다." 는 법적 원칙이 대법원의 판결로 마침내 확정된 것이다.

바로 이 사건을 수사하고 기소한 장본인이 바로 윤석열 검찰총장과 그 휘하의 검사들이었다. 이들의 기소로 인해 그때까지의 잘못된 관행을 바로잡는 법적 근거를 마련하였다. 따라서 나는 윤석열 대통령이 이러한 대법원의 확정판결을 당연히 존중할 것이라 믿었다. 그것이 그가 국정철학이라 내세웠던 '법과 원칙' 그리고 '공정과 상식'에 부합하기 때문이었다.

그러나 우리가 확인한 것처럼 현실은 완전히 달랐다. 그의 말과 행동은 유감스럽게도 정반대였다. 윤석열 정권이 법률에 규정된 임기가 1년이나 남은 국민권익위원장을 사퇴하라고 공개적으로 압박하고, 감사원의 표적감사를 통해 사퇴시키려 한 것은 그들이 수사하고 판결을 받아 낸 환경부 블랙리스트 사건과 판박이었다. 그런 까닭에 대법원 판결에 따르면 감사원 표적감사에 고통받다가 결국 사퇴한 이정희 권익위 부위원장의 경우는 직권남용죄가 인정된 환경부 블랙리스트 판결의 환경공단 상임감사의 건과 거의 비슷한 사례이다.

이렇듯 자신들이 수사하여 유죄를 받아 냈음에도 불구하고, 권력을 잡자마자 임기가 법으로 정해진 공직자에게 국가 공권력을 동원하여 사퇴를 압박하는 것은 전형적인 '내로남불'이자 '이중 잣대'였다. 더 나아가 법의 심판을 받아야 할 부당한 행위였다.

권불십년(權不十年). 어떤 권력도 10년을 넘기지 못한다고 했다. 윤석열 대통령도 후보 시절 "5년짜리 권력이 겁도 없다."고 하면서 문재인 정권을 비난한 적이 있지 않았던가. 그랬던 그가 정작 자신이 5년짜리 임기를 시작하자마자 자신의 말과 행동이 무색하게 '겁도 없이' 법치주의를 무시하고 입버릇처럼 얘기하던 '공정과 상식'을 짓밟아 버렸다. 대법원의 확정판결도 무시하며 정권교체 후 임기가 남은 기관장들의 사퇴를 압박하고, 권력기관을 동원해 탄압하였다. 이것이 과연 그가 말하는 '법치주의'이자 '공정과 상식'이란 말인가. 아니면 윤석열 대통령은 자신이 스스로 법 위에 군림하는 제왕이라 여기는 것일까. 무엇이든 간에 그는 국민의 믿음을 배반했다는 점에서 불의하긴 마찬가지이다.

# 올가미처럼 조여 오는
# 권력의 힘

국무회의장 자리를 뺐으니 이제 오지 마세요!

집 그리고 가족. 떠올리기만 해도 가슴이 따뜻해지는 세상에서 가장 놀라운 마법 같은 단어이다. 고된 하루를 보내다가도 잠깐 머릿속에 떠올리는 것만으로도 행복해지는 힘이 있다. 집과 가족은 나에게도 따뜻함과 평온함을 준다. 임기를 마치고 백수가 되자 집에서 지내는 시간이 많아졌다. 그동안 지쳤던 몸과 마음을 달래며 휴식을 취할 수 있었다.

하지만 인생을 '워커홀릭'으로 살아온 나는 휴식이 익숙지 않았다. 임기를 마쳤으니 출근을 하기 위해 이른 아침부터 서두를 일도 없어졌다. 얼마 만에 찾아온 여유로운 시간이란 말인가. 이젠 누구의 눈치도 보지 않고 늦잠을 자도 괜찮다. 또 밤늦게까지 책을 읽거나 TV를 보아도 상관없다. 그런데 왜 늦잠을 자려고 해도 기상 알람이 울린 듯 아침 일찍 눈이 떠지는 것일까?

이상하게도 여유 있는 시간이 어색하고, 여유로운데 여유롭지 않았다. 마음은 여전히 바빠서 마치 해야 할 일을 잊은 듯 늘 안절부절못하고 있는 나를 발견한다. 어느 날 아침에는 무의식적으로 출근을 해야 한다는 강박에 화들짝 놀라 눈을 뜨기도 했다. 이놈의 일중독은 평생 짊어질 나의 직업병인 모양이다.

임기를 1년 남짓 남겨 두고 정권이 바뀌었다. 맡은 바 역할에 더욱 집중하려던 시절이라 한창 동분서주할 때였다. 0.73퍼센트의 근소한 차이였지만, 국민의 선택은 엄중한 것이었다. 이로 인해 자리를 지킬지 말지 고민했던 것도 사실이다. 하지만 국민권익위원장은 오직 '국민의 편'에서, '국민의 권익'을 위해 정치적 중립을 지키겠다 다짐하며 맡은 자리였다. 그러니 새로운 정부가 구성되더라도 꼭 필요한 역할을 수행하는 것이 내게 주어진 책임을 다하는 길이라 여겼다.

그러다 윤석열 대통령이 취임하고 얼마 뒤, 용산으로 옮긴 대통령실에서 국무회의가 열릴 예정이라는 소식이 들려왔다. 취임 후 처음 열리는 국무회의이니 잘 준비해서 남은 임기까지 최선을 다하리라 다짐하고 있을 때였다.

"지금은 대통령실이 막 이전을 해 와서 이곳 분위기가 어수선하니 일단은 오지 마십시오."

매번 참석하던 국무회의인데 대통령실 이전 이후 갑자기 '오지 말라'니 석연찮았다. 하지만 아직 용산 대통령실 신청사의 인테리어나 시설이 정리되지 않아서 그런가 보다 짐작했다.

그런데 확인해 보니 다른 장관들은 참석하는데 나만 참석하지 말라는 것이었다. 이 사실을 알고 나니 뭔가 다른 의도가 있는 게 아닌가 하는 생각이 들었다. 정권이 바뀌니 나란 존재가 불편해진 걸까? 이어서 용산 국무회의에서 '권익위원장의 명패와 자리를 없앴다.'는 소식까지 들려왔다. 설마 국무회의가 사적 모임도 아닌데 명패와 자리마저 없앴을까? 차마 믿기지 않는 소식이었다.

"용산에서 진짜 내 명패와 자리를 없앴나 직접 가서 한번 확인해 볼까?"

나의 법 상식으로는 용산에서 나에게 '국무회의에 참석하지 말라.'고 했다는 말이 도무지 믿기지 않았다. 그래서 직원들에게 들려온 말처럼 권익위원장 자리와 명패를 정말로 없앴는지 국무회의에 참석해서 두 눈으로 직접 확인을 해 봐야겠다고 말했다. 만약 명패와 자리를 없앤 것이 사실이라면, 국무회의장에 서서라도 당당하게 참석해야겠다고도 생각했다. 너무나도 '법과 원칙'에 어긋나는 조치였기에 그에 대해 순응하지 않고 맞섬으로써 국민께 그 불의함을 알려야겠다고 판단했다.

그러나 직원들은 그런 나를 만류했다. 그들은 용산과 총리실에서 국무회의에 참석하지 말라며 자리와 명패를 없앴다는 연락이 온 것이 사실이라며, "만약 위원장님이 국무회의장에 가시면 무슨 화를 당할지 모르니 이번엔 제발 참으시라."고 걱정스러운 표정으로 나를 붙잡았다. 결국 내 자리를 없앴는지 확인하러 용산에 가지는 않았다. 직원들의 걱정에 찬 만류도 있었지만, 나의 항의 퍼포먼스로 인해 혹여나 직원들이 불이익을 당하지 않을까 하는 마음에 포기하고 말았다.

이제야 드는 뒤늦은 후회이지만, 그때 용산 대통령실 국무회의장에 갔어야 했다. 그리고 그 자리에서 대통령에게 국무회의 배제 조치에 대해 당당하게 문제점을 지적하고, 항의했어야 했다.


## 본격적인 탄압의 시작, 감사원 표적감사


처음 국민권익위원장과 방송통신위원장의 국무회의 배제 소식을 들었을 때는 설마하는 마음이 컸다. 대선 기간 내내 '법과 원칙'을 내세웠고, 새 정부의 국정철학으로 '공정과 상식'을 말하는 대통령이 처음부터 자신의 말을 손바닥 뒤집듯 하지는 않을 거라 믿었기 때문이다. 그러나 취임 한 달이 조금 지나 앞서 이야기한 도어스테핑에서 했던 윤석열 대통령의 육성 발언을 직접 들었다.

그 발언 이후 집권 여당 권력 실세 의원들이 너도나도 공개적으로 모멸적인 비난을 퍼부으며 나의 사퇴를 압박하기 시작하였다. 보수 언론과 극우 유튜버들은 국민의힘 의원실에서 흘린 근거 없는 이야기를 바탕으로 기사와 동영상을 쏟아 내며 나를 파렴치범으로 몰아갔다. 그 기사와 동영상에는 수만 건 이상의 차마 입에 담기도 힘든 욕설과 비난의 댓글이 달리기 시작했다. 이뿐이 아니었다. 길 가다가 만나는 극우 세력들이 나의 면전에서 욕설을 퍼붓거나 염치 없다고 공격을 하는 일이 다반사로 발생했다. 대통령부터 시작해서 마치 대한민국의 절반에 가까운 세력들이 나 하나 잡으려고 총공세를 퍼붓는 형국이었다.

그러다가 마침내 감사원의 표적감사가 시작되었다. 윤석열 정권의 행동대장처럼 활약하던 감사원의 유병호 사무총장의 표현으로는 권익위원장에게 '묵과할 수 없는 심각한 비위가 있다는 권익위 내부 고위관계자의 제보'가 있어 감사를 개시한다는 것이 그 사유였다.

일반적으로 대한민국의 '위원회'급 정부기관의 감사는 통상 3년 단위로 실시된다. 국민권익위원회는 그 1년 전인 2021년에 이미 감사원의 정기감사는 물론 인사혁신처와 총리실의 인사복무 감사까지 모두 받았다. 이뿐만 아니라 그해 말 감사 이후 감사원이 지적한 관련 조치까지 모두 이행을 완료한 상태였다. 따라서 권익위는 2024년 이후에야 감사원 감사를 시행하는 것이 정상적인 상황이었다.

그런데 감사원 정기감사를 종료한 지 불과 1년도 안 된 시점에서 감사원 특별조사국 특별조사관 십여 명이 아무런 예고도 없이 세종시의 국민권익위원회에 들이닥쳤다. 그러고는 권익위 내부에 조사실을 만들고 몇 달간의 현지 실지감사를 하겠다고 했다. 도무지 이해할 수 없는 상황이 전개된 것이다. 언론을 통해서 접하게 된 유병호 감사원 사무총장의 나에 대한 '묵과할 수 없는 심각한 비위'가 무엇일지 아무리 생각해 봐도 전혀 떠오르는 것이 없었다.

며칠 후 한 유력 보수 일간지가 감사원에서 제공받은 정보를 바탕으로 '상습지각을 하는 권익위원장'이라는 기사를 단독 형식으로 대서특필하였다. 감사원은 새 정부의 사퇴 압박에도 굴하지 않는 나를 권익위원장 자리에서 물러나게 하려고 작정을 한 모양이었다. 그들은 나를 '상습지각'이나 하는 파렴치범으로 몰아갔다. 내게 억울한 누명을 씌워서라도 물러나도록 하려 했다.

흘러가는 모양새를 살펴보니 감사원이 새 정부의 행동대장 역할을 자임하고 나섰다는 걸 직감할 수 있었다. 분노가 치밀었다. '상습지각'이라니! 나는 살아오면서 평생 '워커홀릭', '일중독자', '일벌레'라 불렸다. 그만큼 누구보다 성실하게 그리고 열심히 살아왔다고 자부하던 터였다. 학창 시절은 물론이고 치과의사로 일할 때도, 변호사로서 법정에 설 때도, 국회의원으로 일할 때도 늘 성실함만큼은 누구에게나 인정받았다. 그랬기에 '묵과할 수 없을 만큼 심각한 권익위원장의 비위'가 '근태 불량'이라는 것은 나에게는 억울한 누명을 넘어 견디기 힘든 치욕이었다.

결국 1년 만에 끝난 감사원 표적감사의 결과가 이 억울한 누명을 벗겨 주었다. 이미 밝혀진 대로 감사원의 최고의결기구인 감사위원회에서 나의 근태 문제에 대한 감사원 사무처의 혐의 제기에 대해 '불문, 즉 무혐의 결정'을 내린 것이다.

그러나 그 과정에서 감사원 사무처의 나에 대한 악의적인 마녀사냥은 조직적으로 시도되었다. 그들은 언론을 동원하여 피감사실을 누설하여 나를 '근태 불량자'로 몰며 망신을 주었다. 그리고 보수 언론과 극우 유튜버 들은 감사원에서 얻은 정보임을 전제로 의혹을 부풀려 보도하였다. 국민의힘 국회의원들과 대변인들은 그 기사를 사실인 양 그대로 인용하며 나에 대한 비난을 퍼부었다. 그리고 보수 언론의 기사와 유튜브 방송에는 차마 입에 담기도 힘든 수만 건이 넘는 악성댓글이 달리기도 하였다. 이로 인해 나는 지난 1년 동안 씻을 수 없는 명예훼손과 모욕으로 심각한 정신적 피해까지 입었다.

## 아무리 망신을 주어도 절대로 굴할 수 없다

사실 국민권익위원장은 국민권익위원회 본부가 있는 세종시와 국회가 있는 여의도 그리고 전국에 산재한 민원 현장을 수시로 오가며 출장 근무를 밥 먹듯이 한다. 그런 내게 감사원이 지각이니 결근이니 하는 잣대를 들이대는 것 자체가 말도 안 되는 억지다. 최근 윤석열 대통령도 "장관들은 사무실 책상에 앉아서 컴퓨터나 보고 있지 말고 현장에 달려가서 국민과 소통하라."는 지시를 내린 바 있다. 역설적이지만 나는 윤석열 대통령의 이런 지침을 가장 정확하게 이행해 온 기관장이었다고 자부한다. 단 하루도 결근하지 않았고, 단 한 시간도 허투루 쓰지 않았다. 오직 국민의 권익을 보호하며 현장에서 국민과 소통하는 역할에 누구보다 최선을 다했다.

통상 공직자들의 법정 근무시간은 주 40시간이다. 하지만 나의 근무시간은 대부분 주 60시간에서 70시간을 웃돌았다. 주말에도 쉬지 않고 일하는 것이 일상이었다. 퇴근 후 밤늦게, 어떨 때는 새벽까지도 잠 못 들고 업무를 이어 갔다. 그래서 직원들에게서 "위원장님, 그러다 쓰러지십니다.", "제발 일을 좀 줄이세요." 하는 걱정을 들을 정도였다. 일을 지나치게 많이 해서 문제이지 평생 워커홀릭으로 살아온 나에게 '근무 태만'은 얼토당토않았다.

이런 나에게 들이댄 감사원의 논리는 너무도 비현실적이었다. 예를 들어 오전 8시에 서울 여의도 국회에서 업무를 본 후 오후 1시에 세종시 권익위원장 집무실에 도착하면 지각이다. 외부 출장을 간다고 하더라도 오전 9시에 사무실에 들러서 출근 체크를 하지 않고 바로 현지로 출장 가면 지각이나 결근이다. 사무실 출근 전에 업무 조찬이나 업무 미팅을 한 후에 사무실에 도착해도 지각이다. 이러한 감사원 사무처의 잣대에 따르면 대통령을 포함한 모든 장관급 고위공직자들은 한 사람도 예외 없이 상습지각이거나 결근으로 심각한 복무기강 위반일 수밖에 없다. 아니라면? 그가 제 역할을 제대로 한 것이라고 할 수 있을까? 그런데도 감사원은 대통령이나 다른 장관급 고위공직자들 그 누구도 문제 삼지 않으면서 오직 권익위원장인 나한테만 이런 근무 형태에 문제가 있다고 감사를 한 것이다. 이는 누가 봐도 명백한 사퇴 압박용 표적감사일 수밖에 없다.

게다가 감사원 사무처가 흘린 피감사실을 그대로 받아쓴 한 보수 종편 방송은 전혀 사실무근인 허위보도를 자행하기도 했다. 권익위원장의 "근무지가 확인되지 않은 날이 근무일의 95%"이고 "출근이 확인된 날이 겨우 5%"에 불과하다는 그야말로 사실과 완전히 다른 충격적인 가짜뉴스를 보도한 것이다. 정권과 감사원의 망신주기식 사퇴 압박에 행동대장으로 나선 보수 언론의 민낯을 확인한 사례이다.

뭐 이렇게 아무도 믿지 않을 뻔한 허위보도를 할까 싶었지만, 믿는 사람들도 많았던 모양이다. '지각을 밥 먹듯이 하는 사람', '세금 토해내라.', '어디서 놀고먹었냐.' 등 악의적인 비방 댓글이 굴비 엮이

듯 달렸다. 국민의힘 의원들도 기사를 인용하며 마치 근태 불량이 사실인 양 허위사실을 전파하는 데 동참했다. 집권 여당과 유력 보수 언론사 등 거대한 세력들이 합세하며 나에 대한 허위 사실을 기정사실로 몰아가며 마녀사냥을 하는 상황에 당시에는 너무 억울하고 분노가 치밀었다.

그러나 다행히도 '팩트 체크'에 나선 다른 언론사들이 있었다. 그들에 의해 '5%' 등의 숫자는 나의 근무 현황에 아예 등장하지 않는 허위사실이라는 점이 밝혀졌다. 이뿐만 아니라 정보를 흘렸던 감사원도 그 종편 방송의 보도 내용을 부인하기에 이르렀다. 이렇게 나에 대한 허위사실이 바로잡아지나 했으나 이미 피해는 눈덩이처럼 커진 상황이었다.

기자들이 당사자에게 전화나 문자로 한 번만 사실관계를 확인했어도 얼마든지 막을 수 있는 일이었다. 그런데 기자들에게 그런 노력을 기대하기는 어려운 일이었을까. 물론 일부 언론의 문제이지만, 권력을 감시하는 '워치도그(watchdog)' 역할을 하는 기자라면 자신이 쓰는 기사에 더욱 신중해야 하지 않을까. '펜은 칼보다 강하다.'는 자부심과 사명감을 가지려면 그에 상응하는 책임이 따라야 한다. 자칫 무책임한 기사가 사람의 명예나 목숨을 앗아가는 일은 없어야 하지 않겠는가. 게다가 첫 보도가 나간 다음이면 이미 늦다. 후속보도를 통해서 진실을 바로잡으려 해도 대중은 자신이 보고 싶은 것만 보는 '확증편향'에 빠지기 쉽기 때문이다.

실제로 팩트를 담은 후속기사와 감사원의 부정에도 불구하고, 나의 근태를 문제 삼는 악성댓글은 사라지지 않았다. 어지간한 일에는 평정심을 잃지 않는 나도 욕설로 가득한 댓글을 볼 때면 극심한 트라우마가 생길 정도였다. 그런데 그렇지 않은 사람들은 얼마나 마음고생을 할까. 언론 보도가 신중해야 하는 이유를 뼈저리게 느낀 계기였다. 기자들이 교묘하게 '아니면 말고' 식의 무책임한 기사를 쓰는 것은 자칫 한 사람의 영혼을 갉아먹고 인생을 망치는 일이다. 이런 엄중함을 안다면 쥐고 있는 펜대를 절대 함부로 놀리지 말아야 할 것이다.

권력을 남용한 정치적 표적감사도 문제지만 감사원이 일방적으로 누설한 피감사실을 그대로 받아쓰는 무책임한 허위보도 역시 그냥 넘어갈 수 없는 일이다. 허위보도임이 명백히 밝혀졌는데도 언론이 잘못을 반성하지 않는다면 엄중한 책임을 느끼도록 할 필요가 있다.


## 의와 불의의 싸움


대학 입시 준비로 정신없던 고등학교 3학년 때도 하루에 한 권씩 책을 읽을 정도로 어릴 때부터 책을 좋아했다. 만화부터 동화와 소설, 위인전, 철학 책까지 가리지 않고 닥치는 대로 읽었다. 부모님께서 전집을 여러 질 사 주셔서 집에 책은 많았다. 하지만 그 책들을 다 읽고 나서 더 읽을 책이 없으면 서점으로 달려가 바닥에 주저앉아 책을 읽곤 했다. 안 읽은 책을 가진 친구들 집도 예외는 아니었다. 그 집의 책들마저 빠짐없이 읽으며 순례를 돌곤 했다. 밥 먹을 때나 화장실에 갈 때도 손에서 책을 놓지 않았고, 길을 걸으면서 책을 읽느라 전봇대에 이마를 찧은 적도 있었다. 책을 읽는다는 것은 공부에 몰두할 때의 긴장을 풀고 복잡한 머리를 쉬게 하는 학창 시절 나만의 비결이었다.

시대가 달라지고 미디어를 접하는 기회가 많아졌다. 그 덕에 요즘은 영화를 즐겨 본다. 특히 역사와 관련된 영화들에 깊이 빠져드는 편이다. 공직에 있는 사람이 한가로이 영화를 수 있느냐고 물을 분들도 있겠지만, 스트레스가 심할수록 여유를 찾아야 공직을 더 잘 수행할 수 있다고 믿는다.

그래서 가끔 영화를 보곤 했다. 나를 겨냥한 정권의 사퇴 압박용 표적감사가 지속되는 그해 여름에도 극도의 긴장감을 떨쳐 버리고자 한 OTT 서비스에서 영화를 찾았다. 역시 억울함과 분노로 힘든 나 자신을 다스리고 여유를 찾게 하는 데에 영화만큼 좋은 게 없었다.

마침 한 곳에서 김한민 감독의 〈한산: 용의 출현〉이 스트리밍되고 있었다. 내 고향 통영 앞바다인 한산도를 무대로 펼쳐진 이순신 장군의 대활약을 어려서부터 듣고 자랐다. 한산대첩에 얽힌 이야기는 들을 때마다 새롭고, 경외감에 사로잡히게 된다. 이 영화도 마찬가지였다.

이 영화가 보여준 모든 장면이 기대했던 것 이상으로 인상적이고 감동이었다. 바다에 성을 쌓아 왜적의 함선을 격파하는 전투 장면은 그 자체로 상상력을 자극하고 통쾌했다. 그러나 나의 가슴이 가장 크게 뛴 장면은 그 장면이 아니었다. 오히려 영화의 초반부, 이 피비린내 나는 '전쟁의 본질'에 대한 문답이 오가던 장면에서 온몸에 전기가 통하듯 전율했다.

"이 전쟁은 무엇입니까? 간절히 청컨대 대답해 주십시오. 대체 이 전쟁은 무엇입니까?"

이순신 장군에게 투항한 왜장 준사(俊沙)가 자신이 감당해야 할 이 전쟁의 본질을 이순신 장군에게 물었다. 그러자 이순신 장군은 분명하게 대답한다.

"의(義)와 불의(不義)의 싸움이지."

아마도 준사는 그의 대답을 선뜻 믿지 못하는 듯했다. 다시 한 번 이순신 장군에게 반문했다.

"나라와 나라의 싸움이 아니란 말입니까?"

극 중 이순신 장군은 단호하게 "그렇다."라고 대답한다.

그 대사를 들으면서 어지러웠던 머릿속이 안개가 걷히듯 맑아졌다. 가슴이 요란하게 뛰다 못해 두근거렸다. 비로소 내가 처한 이 황망한 현실을 어떻게 이해해야 할지 깨닫게 되었다. 이제야 무엇을 위해, 또 누구를 위해 싸워야 하는지 깨달은 것이다.

그랬다. 나는 지금 '야당과 여당의 싸움'도 아니고, '문재인 정권과 윤석열 정권과의 싸움'도 아닌, 오직 맞서 싸워야만 하는 무도한 '불의'와 마주하고 있는 것이었다. 법률이 정한 임기가 있음에도, 부당한 정권의 사퇴 압박은 법치주의와 민주주의를 훼손하는 옳지 않은 일, 즉 '불의'이다. 이에 맞서 물러나지 않고 싸우는 것은 옳은 일, 즉 '의'를 지키는 일이다.

그렇듯 나는 운명적으로 부당한 공권력에 맞서 임기를 지키고 국민권익위원회의 독립성을 훼손하는 불의와 맞서 싸워야 했다. 국민과의 약속인 법률이 정한 임기를 무시하며 '사퇴하라' 압박하는 것은 나에게는 너무나 명백한 불의였다. 거짓 선동으로 인격모독과 명예훼손까지 자행하는 불의. 무엇보다도 나 한 사람을 몰아내기 위해 법과 원칙을 무시하며 국민의 눈을 가리고 속이는 불의. 이 모두 내가 맞서 싸워야 할 명백한 불의였다.

그동안 악성댓글에 가려 보이지 않았던 국민들의 응원도 눈에 들어와 더욱 힘이 솟았다. 악성댓글을 보는 마음도 달라졌다. 모두 국민의 눈을 가린 나쁜 사람들 때문이니 굳이 화를 내거나 원망할 필요가 없었다.

싸움의 목적을 정확하게 깨달으면서 혼란스러웠던 마음이 정리되자 나는 더욱 단단해졌다. '중요한 것은 꺾이지 않는 마음'이다. 절대 명분 없이 후퇴할 일은 없다. 불의한 공격에 그대로 당하지만은 않을 것이고, 반드시 그 이상 돌려줄 것이다. 그리하여 지금까지 내가 찾은 증거와 자료들을 차곡차곡 모아 감사원의 불법행위를 정리하여 감사원장과 유병호 감사원 사무총장 등 감사원 간부들과 제보자로 추정되는 권익위 고위관계자 등을 '직권남용 권리행사방해' 등 범죄 혐의로 고위공직자범죄수사처(공수처)에 고발하였다.

그러고 한참 후 마침내 공수처가 나에 대한 '표적감사 의혹'과 관련하여 감사원을 압수수색했다는 소식이 들려왔다. 나를 사퇴시키기 위해 불법적으로 조여 오던 올가미가 부메랑이 되어 그들에게 되돌아갈 줄 상상이나 했을까. 헌법과 법률을 무시하며 정권의 행동대장처럼 불의한 행위를 자처하는 이들에 대한 정의로운 심판이 반드시 실현되리라고 믿는다. '중요한 것은 꺾이지 않는 마음'이라 했다. 바로 그 '중꺾마'의 정신으로 절대 포기하지 않을 것이다.

# 정권의 탄압 1년,
# 운명적으로 투사가 되다

## 반격의 서막

'권익위원장에게 묵과할 수 없는 심각한 비위'가 있다는 제보를 받았다며 대한민국을 뒤흔들며 시작한 감사원의 표적감사가 아무런 성과 없는 빈손 감사로 결론이 났다. '태산이 큰 소리를 내며 흔들리더니 고작 쥐 한 마리(泰山鳴動鼠一匹)였다.'더니 바로 그 짝이었다. 이로써 감사원 사무처가 오히려 범죄 혐의자로 전세가 역전된 지 이미 오래다. 하지만 윤석열 정권에서 눈엣가시 같은 나를 쫓아내기 위하여 자행했던 탄압과 시련은 역설적으로 여리고 울보였던 나를 강한 투사로 바꾸어 놓았다.

감사원은 장관급 기관장인 국민권익위원장을 사퇴시키기 위해 망신 주기식으로 온갖 혐의로 누명을 씌웠다. 또한 언론에 피감사실을 누설하면서 대대적인 언론 보도를 유도하였다. 이렇게 호기롭게 시작된 감사원 표적감사에 당시 정치권과 많은 국민의 관심이 집중되었다.

감사원은 처음 3주 예정으로 시작했던 감사에서 원하는 성과를 얻지 못하자 감사 기간을 2주간 더 연장하였다. 십수 명의 감사원 특별조사국 조사관들이 동원되어 수십 명에 달하는 권익위 직원들을 조사하였다. 그 결과 수천 장에 달하는 각종 증거자료를 확보하였다.

하지만 감사원의 애초 목표와는 달리 나에 대한 특별한 위법성과 문제점을 전혀 찾아내지 못하였다. 그러자 다시 두 번째로 2주간의 감사 기간을 연장하는 무리한 감사를 진행하였다. 아마도 감사원 사무처는 "털어서 먼지 안 나는 사람 없다."는 말을 믿었던 모양이다. 특별조사국의 유능한 조사관들이 나의 업무추진비와 카드 사용 내역 그리고 차량 이용 내역 등 모든 개인정보와 주변 사람들을 탈탈 털면 뭔가 문제점 하나라도 나오리라고 확신했을 것이다. 그러나 감사 초기의 위세를 생각할 때 그 결과는 누가 보아도 궁색하고 초라했다.

이번엔 나의 차례였다. 남은 임기 1년 내내 긴장과 공포로 하루하루 피 말리는 시간을 보냈다. 하지만 그들이 탄압하면 탄압할수록 나는 강철처럼 더 강해지고 있었다. 나는 저들의 무도하고 불법적인 표적감사를 견뎌 내면서 감사 기간 동안 자행되었던 온갖 불법행위들에 대해 그동안 차곡차곡 증거들을 모아 두었다. 그리고 그것들을 정리하여 감사원장과 사무총장 등 관련자들은 모두 공수처에 고발 조치하였다. 그렇게 무도한 정권과 감사원에 대한 반격의 서막을 열었다. 억울하게 당하고만 있을 수는 없었기 때문이다.


## 불의를 향해 쏘아 올린 불화살


2022년 9월 8일 기자회견장. 쉴새 없이 터지는 카메라 플래시 속에서 분주하게 움직이는 기자들의 모습이 보였다. 그동안 저들의 불의한 표적감사를 묵묵히 견뎌 왔던 나는 기자회견장에서 침착하고 차분한 목소리로 준비한 원고를 읽기 시작했다.

"안녕하십니까. 대한민국 정부 반부패·청렴 업무 총괄기관 국민권익위원회 위원장 전현희입니다. 오늘은 감사원이 국민권익위원회를 대상으로 실시하고 있는 특정감사의 불법성에 대해 국민 여러분께 말씀드리고, 신상털기식 불법 감사를 즉각 중단할 것을 감사원에 강력히 촉구하기 위해 이 자리에 섰습니다."

2022년 9월 8일 기자회견장. 내내 떨리는 목소리로 얘기했다. "감사원은 이제라도 국민권익위원회에 대한 불법적 직권남용 표적감사를 중단하고, '공정성'과 '중립성'이라는 감사원 본연의 업무에 충실해 주실 것을 요청드립니다." (출처: 연합뉴스)

화면 밖 국민들께 정중히 인사를 드리고 기자회견문을 읽어나 갔다. 기자회견 현장에 참석한 기자들의 손도 분주히 움직였다. 그 전날 밤새워 준비했던 원고를 담담하게 읽어 나가던 도중, 나에 대한 표적감사로 예상치 못한 고통을 겪고 있는 직원들의 모습이 떠올라 울컥 눈물이 솟았다. 무도한 정권의 탄압과 감사원의 표적감사로 내가 아무리 고통을 받고 두렵다고 하더라도 절대로 울지 않으리라 이를 악물고 다짐했지만, 사랑하는 직원들의 고통받는 안타까운 모습이 떠올라 감정을 추스르기 어려웠다.

당시 감사원의 표적감사는 위원장인 나뿐만 아니라 부위원장들과 업무 연관성이 있던 권익위 직원들 수십 명에게까지도 전방위적으로 먼지털이식으로 이뤄졌다. 애초 그들이 목표는 아니었다. 하지만 위원장과 부위원장의 비서실과 업무 관련성이 있는 직원들을 압박하여 '목표 대상의 비위 사실을 불라.'는 식으로 감사가 진행되었다.

감사를 받는 동안 권익위의 업무는 얼어붙었다. 감사 대상자들은 모두 숨죽이며 두려움에 떨면서 극도의 긴장과 정신적 스트레스로 고통받았다. 결국 나와 함께 끝까지 임기를 마치겠다던 이정희 부위원장이 2022년 8월 31일부로 사의를 표명하기에 이르렀다. 주변 사람들과 영혼까지 털리는 감사원의 강압적 표적감사에 더이상 견디지 못한 것이다. 2021년 1월에 임명된 그분의 임기는 2024년 1월까지였다.

비통한 심정으로 감사원의 표적감사를 비판하며 떠나는 이정희 부위원장은 "국민권익위원회는 법에 독립성과 함께 위원의 신분이 보장돼 있습니다. 하지만 이번 감사원의 전방위적인 감사로 인해 힘들어하는 직원들을 보는 심정이 너무 답답했습니다. 또 내 사회적 명예와 자존심을 지키기 위해 떠납니다."라는 인사말을 남기고 떠났다. 그분이 남긴 메시지에서 그동안 감사원 표적감사를 받으면서 얼마나 힘든 시간을 겪었는지가 고스란히 담겨 있었다. 임기가 남아 있던 권익위원장을 사퇴시키려 했던 윤석열 정권과 그 행동대장으로 전락한 감사원의 날카로운 칼끝은 나뿐만 아니라 이정희 부위원장에게도 비껴가지 않았던 것이다.

나는 계속해서 기자회견문을 읽어 나갔다.


"윤석열 대통령은 법치주의와 상식과 공정의 가치를 세우겠다고 대통령 후보 출마 기자회견에서 말했습니다. 그러나 대통령 취임 후 임기가 남아 있던 전현희 권익위원장과 한상혁 방송통신위원장에게 사퇴 압박과 대통령 업무보고를 배제하며 법치와 공정을 무시하는 상반된 태도를 보였습니다. 더구나 감사원 특별조사국은 권익위원장의 사퇴 압박 표적감사를 하는 과정에서 애꿎은 권익위 직원들에게 위원장의 위법성과 부당 관여를 불라며 직원들을 압박하는 강압적 감사를 자행하였습니다."

그동안 표적감사와 사퇴 압박으로 죽음과 같은 공포를 느꼈던 순간들이 생생하게 되살아났다. 그러나 그보다 더 힘든 것은 직원들의 불안과 고통을 지켜보는 일이었다. 나는 스스로 묻고 또 물었다. 임기를 끝까지 지키겠다는 나의 결정이 과연 옳은 것일까? 나로 인해 혹여나 권익위 직원들이 감당하기 어려운 고통을 겪고 있는 것은 아닐까? 숱한 고민을 하면서 불면의 밤들을 보내야 했다.

하지만 결론은 항상 묵묵히 임기를 지켜야 한다는 쪽이었다. '부패방지 및 국민권익위원회의 설치와 운영에 관한 법률'에 정해진 대로 정권으로부터 권익위의 독립성과 중립성을 수호해야 할 권익위원장의 책임감이 너무나 무거웠다. 그리고 법에 정해진 임기를 지키지 않고 중도에 그만두는 것은 국민과의 약속을 저버리는 행위와 다름없다. 이런 비겁한 행위는 국민의 공복으로서 결코 내가 선택할 수 없었다.

다행히 이러한 나의 소신을 많은 권익위 직원들이 응원하고 공감해 주었다. 그때도 지금도 그들에게 진심으로 고맙다. 그랬다! 아무리 내가 가는 길이 힘든 가시밭길이라 하더라도 법률로 정해진 임기를 지켜야 했다. 그러면서 권익위의 독립성을 지키고 내게 주어진 소임에 묵묵히 최선을 다하는 것만이 나에게 주어진 책임을 다하는 모습이라 확신했다.

"감사원은 이제라도 국민권익위원회에 대한 불법적 직권남용 표적감사를 중단하고, '공정성'과 '중립성'이라는 감사원 본연의 업무에 충실해 주실 것을 요청드립니다."

기자회견 브리핑을 마칠 무렵, 나는 단호하고도 강한 어조로 그동안 준비해 왔던 마무리 발언을 이어 갔다.

"저는 지금까지 감사원이 국민권익위에 자행해 왔던 불법적 표적감사에 대해서는 반드시 끝까지 법적책임을 강력하게 물을 것입니다."

그날 나는 무도한 윤석열 정권과 감사원의 탄압에 맞서 반격의 불화살을 쏘아 올랐다!

## 때리면 때릴수록 강해지는 강철심장으로!

추웠던 겨울이 지나갔다. 영원히 지속될 것처럼 숨통을 조이던 정권의 사퇴 압박도 나의 임기 만료와 퇴임식을 끝으로 언제 그랬냐는 듯 사라졌다. 계절이 몇 번 바뀐 도심의 풍경은 저마다 바삐 움직이는 사람들로 북적이며 분주했다. 약속된 강연 장소로 향하는 걸음을 멈추고 무심코 바라본 거리 위 모습이 무심했다.

초연하게 나의 가치관과 소명을 지키며 무소의 뿔처럼 걸어가자. 나의 이익이 아닌 국민의 권익을 위해 일하는 정치인이 되자. 나보다 국민의 눈물에 더 아파하는 사람이 되자. 정치인인 나는 세상에서 가장 낮은 사람으로 국민을 하늘같이 섬겨야 한다. 정치를 시작하면서 결심했던 이러한 초심을 떠올렸다.

길 위에 선 나는 물끄러미 지나가는 사람들을 향해 시선을 던졌다. 이제 나는 어디로 향해야 할지 잠시 생각에 잠겼다. 그동안 걸어왔던 여정에서 나의 초심이 흔들리며 나약했던 순간은 없었는지 돌아보았다. 국회의원 시절과 매서운 바람 앞의 잡초처럼 온갖 시련의 광풍을 온몸으로 견뎌야 했던 국민권익위원장 시절에도 땅을 거머쥔 뿌리처럼 나의 소명의식은 흔들리지 않았다. 하늘을 우러러 한 점 부끄러움 없이 살기를 소망했던 시인처럼 살고자 노력했었다.

윤석열 정권이 들어서고 감사원 표적감사가 시작되기 전 2년간의 권익위원장 시절은 평소 생각하던 나의 소명을 실천할 수 있었던 소중하고 보람된 시기였다. 한 맺힌 국민의 민원을 해결하고, 억울한 눈물을 닦아 주는 일을 원 없이 할 수 있었다. 고충민원 해결 부처 기관장인 국민권익위원장으로서 권익위 직원들과 함께 민원 현장에서 땀 흘려 일하며 가슴 벅찬 보람을 느꼈다.

그러나 예상치 못한 정권의 전방위적 사퇴 압박이 지속되었던 임기 마지막 1년 동안은 안팎의 얼어붙은 분위기로 인해 업무수행이 다소 순탄치 못했다. 권익위 내부관계자가 했다는 나에 대한 제보의 신빙성을 확인한다며 시작한 표적감사는 '감사원법'상 중요 감사 개시시 거쳐야 하는 감사위원회 의결도 거치지 않은 채 예고도 없이 폭력적으로 시작되었다. 이뿐만 아니라 예정했던 기간에 만족스러운 감사 결과가 나오지 않자 그들은 두 번이나 감사 기간을 연장하며 이례적인 표적감사를 계속 이어 갔다.

그럴 때일수록 그들에게 조그마한 흠집도 잡히지 않도록 더욱더 치열하게 분초를 아껴 가며 업무에 집중하였다. 탄압받는 1년 동안 누구에게도 부끄럽지 않은 권익위원장으로서 최선을 다했다고 자부한다.

나는 시련이 있을수록 더욱 단단해지고 강인해지곤 했다. 이렇듯 남은 임기 1년 동안 정권의 사퇴 압박과 표적감사로 마치 몽둥이에 쉴새 없이 두들겨 맞는 듯한 고통의 나날을 보내면서 탄압의 강도가 세지면 세질수록 나는 더욱더 단단해지고 때리면 때릴수록 강인한 강철 같은 심장을 가진 투사로 서서히 바뀌어 갔다.


## 먼지 털기에 나선 정권의 행동대장 감사원


감사원은 그동안 국민과 정치권으로부터 '감사 부작위'로 많은 비난을 받아 왔다. 국민 300명 이상이 신청할 경우 실시해야 하는 국민감사청구도 특별한 이유 없이 거의 실시하지 않았다. 이 때문에 국회에 국민감사청구시 감사원이 감사를 시행하도록 강제하는 취지의 개정법안까지 제출되었다. 그럴 만큼 감사원은 감사에 적극적으로 나선 경우가 거의 없었다.

그런데 단지 누군가의 제보가 있었다는 사실만으로 감사원이 장관급 기관장인 국민권익위원장을 대상으로 특별감사를 진행한다는 것은 이례적이었다. 그뿐만 아니라 누가 보더라도 표적감사로 보일 만큼 정당성이 없었다. 더구나 그 대상은 정권의 부당한 사퇴 압박에 직면한 당사자였다. 이런 경우 헌법상 독립기관인 감사원은 정치적 오해를 사지 않도록 더욱더 감사 개시에 신중했어야 했다. 그러나 이미 감사원장은 감사원을 윤석열 정권의 '국정운영 지원 기관'이라 자임했다. 이렇듯 사실상 정권의 행동대장으로 전락한 감사원은 누구의 눈치도 보지 않고 나의 사퇴를 압박하는 정치적 표적감사에 착수했던 것이다.

국민권익위원장은 감사원의 감사만으로는 징계를 내릴 수도, 사퇴를 시킬 수도 없다. 권익위원장은 법률이 정한 신분과 임기가 보장되어 있기 때문이다. 다만, 감사 결과 권익위원장의 형사소추가 가능한 위법 사유가 있다면 수사기관에 수사를 요청하거나 고발 조치를 하여 형사처벌을 받도록 할 수는 있다. 따라서 감사원의 표적감사의 최종 목적은 나의 위법한 비위 혐의를 찾아내어 수사기관에 수사 의뢰를 하는 것이었다. 하지만 감사 기간을 두 차례나 연장하며 십여 명의 감사원 특별조사국 조사관들이 그야말로 나의 모든 것을 탈탈 터는 먼지털이식 표적감사를 하였지만, 나에 대해 형사소추 가능한 위법성을 찾아내지 못했다.

처음 생각한 대로 되지 않는다고 판단했는지 감사원은 무리수를 두기 시작했다. 그들의 기대와 달리 권익위원장의 비위 사실을 불지 않는 직원의 약점을 잡아 진술을 압박하기 시작했다. 비서실 수행직원의 출장비 관련 자료를 확보하여 압박하는 식으로 별건감사를 시작한 것이다. 또한 나의 주변을 집중적으로 파던 초기의 조사 외에 부위원장들과 권익위 직원들의 복무 관련 자료와 업무에 관한 조사도 착수하며 감사 범위를 전반적으로 넓히기 시작했다.

감사원 특별조사국이 나를 정조준하여 집중 조사하던 사항은 10여 건 이상의 비위 의혹에 관한 것이었다. 그것은 이른바 나의 근태 문제, 즉 근무시간 관련 사안, 모 유력언론사 편집국장과의 오찬 비용이 3만 원 한도에서 4천 원이 초과되었는지 여부, 추미애 전 법무부 장관 자녀 수사 관련 이해충돌 유권해석에 부당 개입하였는지 여부, 위원장 관사 수돗물 관련 비용을 부당 지급하였는지 여부, 행사 한복 대여 비용을 부당 지급하였는지 여부, 위원회 간부 직원 징계 관련 탄원서 강요 및 작성 여부, 위원회 대변인실 일반직 직원 부당 채용 여부 등이었다.

이러한 감사 내용은 아마도 제보자라고 지목된 권익위 내부 간부가 나의 비위 의혹이라며 제보한 내용이라고 추정된다. 그러나 감사원이 감사목표로 삼았던 거의 모든 사안이 사실에 근거하지 않은 허위의 내용이었다. 내가 권익위원장으로 재임하던 중에 경험하거나 들어 본 적도 없는 이런 허위무고성 제보가 감사원에 접수되었고, 그 제보를 근거로 아무런 예고도 없이 십여 명의 특별조사국 조사관들이 권익위에 들이닥쳐 실지감사를 감행한 것이다. 더구나 국민 300명이 연서하여 감사를 청구해도 감사를 개시하지 않아 비난을 받던 감사원이 단 한 명의 제보를 근거로, 제보가 접수되자마자 개시한다? 이는 누가 보아도 정권의 눈엣가시 같은 나를 사퇴시키기 위한 정치적 목적이 다분한 표적감사임에 틀림없었다.


## 애꿎은 직원 대신 나를 직접 조사하라!


감사목표가 대부분 나와 관련된 내용이었다. 그러니 감사원 조사관들은 나를 불러 직접 조사하여 그 내용을 직접 소명토록 하여야 했다. 그랬다면 그 제보 내용이 터무니없는 허위라는 것이 손쉽게 밝혀질 터였다. 나는 세종시의 권익위 본부에 현지 조사실을 꾸리고 조사팀장으로 있던 감사원 특별조사국 담당 과장에게 면담을 요청했다. 그리고 그에게 "감사원 감사가 나를 목표로 한 표적감사로 보이는데 그렇다면 쓸데없이 주변 직원들을 조사하면서 괴롭히지 말고, 목표인 나를 직접 조사해서 진실을 규명해 주세요! 내가 적극적으로 조사에 응해서 모든 걸 소명하겠습니다."라고 말하며 나를 직접 조사하길 기다렸다.

그러나 나를 직접 조사해 달라는 요청에도 불구하고 나에 대한 직접적인 조사는 전혀 없었다. 오직 나의 주변부를 터는 조사만 이어졌다. 다시 감사원 사무처 본부에 정식으로 공문을 발송하였다. 그 공문에서 '직원들이 아닌 표적인 나를 직접 조사해 달라.'고 요청했다. 이뿐만 아니라 기자회견을 통해서, 나의 SNS를 통해서도 공개적으로 권익위 직원들이 아닌 나를 직접 조사하라고 수도 없이 요청했다. 그러나 그들의 응답은 일절 없었다.

그러던 중 한덕수 국무총리 주재하에 장·차관급 고위직 인사들이 모두 한자리에 모일 기회가 생겼다. 전시상황을 대비하여 모의훈련을 하는 을지훈련에서였다. 바로 그 을지훈련 행사장에서 감사원 유병호 사무총장과 정면으로 마주치게 되었다. 감사 개시 이후 단 한 번도 나를 직접 조사하지 않고 직원들만 괴롭히던 감사원의 처사에 분개했던 나는 맞은편에 앉아 있던 유병호 사무총장을 발견하고는 성큼성큼 그 자리로 나아갔다. 유병호 사무총장에게 악수를 청하려고 손을 내밀던 순간 그의 명패가 책상 아래로 떨어졌다.

감사원의 조사방식에 화가 머리끝까지 나 있던 터라 그 장본인인 유병호 사무총장을 눈앞에서 보자 성급해진 마음에 나의 손끝이 명패에 닿아 떨어진 모양이었다. 직원들 그만 괴롭히고 나를 직접 조사해 달라고 요청하려고 달려가 악수를 청한 것인데, 본의 아니게 명패를 떨어뜨린 것이었다.

"이제 권익위 직원들을 그만 괴롭히시고 감사목표인 나를 직접 조사하시지요." (출처: 연합뉴스)

땅에 떨어진 명패를 주워 다시 제 자리에 올려놓고 앉아 있던 유병호 사무총장에게 악수를 청하며 손을 내밀었다. 예상치 못한 나의 등장과 악수 요청에 그는 당황한 듯하였지만, 엉거주춤 자리에서 일어나서 악수에 응했다. 나는 유병호 사무총장의 눈을 똑바로 응시하며 나지막하고 단호한 목소리로 "이제 권익위 직원들을 그만 괴롭히시고 감사목표인 나를 직접 조사하시지요." 하고 경고를 날렸다.

그 순간 당시 행사장에 있던 수십 명의 기자들이 이 흥미로운 장면을 목격하고 우리 주변으로 몰려와서 플래시를 터뜨리기 시작했다. 당황한 유 사무총장은 뭐라고 대꾸를 했으나 무슨 말을 하는지 잘 들리지 않았다. 아마도 "절차대로 하겠다." 정도가 아니었나 싶다.

유병호 사무총장의 명패가 땅에 추락한 것은 분명 의도치 않은 실수였다. 하지만 지금의 공수처 수사대상 피의자로 전락한 상황을 상징적으로 보여주는 한 장면이었는지도 모르겠다. 그날 유병호 사무총장의 명패가 떨어지는 장면, 내가 악수를 청하는 장면 등이 고스란히 언론에 크게 보도되었다. 하지만 그 이후에도 감사원은 단한 번도 나를 직접 조사하지 않았다.

역사에 가정은 없다지만 감사원 사무처가 당시 단 한 번만이라도 나를 직접 조사해서 나의 소명을 들었다면 어땠을까? 그랬다면 제보된 나의 비위 의혹이 아무런 문제가 없었다는 것을 쉽게 확인할 수 있었을 것이다. 또한 현재 표적감사 범죄 혐의 피의자로 공수처의 수사를 받는 감사원의 현재 상황은 아예 발생하지 않았을지도 모른다.

지금 돌이켜보면 그들이 진정으로 두려워했던 것은 진실이 밝혀지는 게 아니었나 싶다. 진실이 밝혀져 나에 대한 감사 명분 자체가 무력화되는 상황이 되는 걸 두려워했던 듯싶다. 나를 직접 조사했을 경우 모든 혐의가 사실이 아닌 것으로 밝혀지면 이례적으로 착수했던 감사의 명분을 잃을 것이 분명했기 때문이다.

그래서 나에 대한 직접 조사를 기피하는 대신 나를 외곽에서 압박하려고 했을 것이다. 업무 상관성이 있는 직원들을 조사하며 엄청난 양의 감사자료를 요구하는 한편, 나에게는 '상습지각'이라며 톡톡히 망신을 주는 언론 보도를 동원하여 압박을 가하였을 것이다.

그러면서 생각했을 것이다. 이런 식으로 감사에 착수하면 당연히 다른 기관장들처럼 내가 지레 겁을 집어먹고 바로 자리에서 물러날 것이라고. 그런데 막상 약하고 만만해 보였던 내가 의외로 강하게 저항하며 사퇴하지 않자 초기 계획이나 의도와 달리 감사를 계속 진행해야만 했으리라. 그렇게 뜻하지 않은 상황에 몰리면서 전열이 흐트러지며 당황한 것 같았다.

왜 안 그랬겠나? 법률 지식으로 무장한 내가 감사원의 표적감사의 법적 문제점을 조목조목 지적하며 저항하는데…. 그런 나를 대상으로 감사를 진행해야 하는 상황에 몰렸는데…. 이런 상황에 대한 사전준비는 미처 이루어지지도 않았을 터이니 당황하고도 남았을 것이다.

그래서 나에 대한 직접 조사를 할 엄두도 내지 못했을 것이다. "애꿎은 권익위 직원들이 아닌 나를 직접 조사하라."고 감사원을 향해 거의 20여 차례 공식·비공식으로 절규에 가까운 요청을 했음에도 세종시 권익위 현지 실지감사 기간 동안 단 한 번도 나를 직접 조사하지 않았던 것은 바로 이런 이유 때문이었을 것이다.


## 의도된 덫, 조사 불응을 유도한 일방적 통보

2022년 8월 초부터 시작된 두 달에 걸친 세종시 현지 실지감사를 종료할 즈음, 감사원에서 갑자기 공문이 날아왔다. 일방적으로 정한 날짜에 서울 감사원 특별조사국 사무실로 와서 조사를 받으라는 통보였다. 공교롭게도 그들이 제시한 날짜들은 마침 국정감사 기간을 전후로 한 시기였다. 그동안 거듭되었던 나의 직접 조사 요청에 아무런 대꾸도 없던 감사원의 정말 뜬금없는 통보였다. 일반인에게도 사전에 조사 날짜를 조율하는 것이 상식인데, 하물며 매일매일 공식 일정으로 정신없이 바쁜 현직 장관급 기관장에게 아무런 일정 조율도 없는 일방적 통보라니 말도 안 되는 조치였다. 이런 식의 통보는 형식도 매우 이례적이지만 진정성 역시 없어 보였다. 그래도 억울한 누명을 벗기 위해 직접 조사는 받아야겠다는 생각이 들어 한편으로는 이를 반겼다.

그러나 문제는 감사원이 일방적으로 특정하여 통보한 두 날짜였다. 마치 고의로 내가 도저히 조사받을 수 없는 날을 고른 듯했다. 한 날은 몇 달 전부터 예정된 권익위원장 주재의 공식적 국제행사가 열리는 날이었고, 다른 한 날은 국정감사 기간이었다. 그 때문에 그 두 날짜에는 도저히 참석할 수 없었다.

감사원 측에 정중하게 공문을 보내 이런 사정을 설명하며 부득이하게 조사 날짜의 조정을 요청하였다. 종합국정감사 이후 내가 조사받을 수 있는 날짜를 몇 개 특정하여 감사원 측에 보내면서 '날짜를 조정해 주면 반드시 충실하게 조사에 임하겠노라.'는 의지까지 보였다.

그런데 도무지 믿을 수 없는 감사원의 조치를 확인하게 되었다. 2022년 10월 말 권익위 종합국정감사 당일, 여의도 국회 권익위 종합국정감사장에서였다. 국민의힘 의원들의 공개적인 사퇴 압박 질의에 난타를 당하던 와중에 한 직원이 나한테 은밀히 쪽지를 전해 주었다. 국회의원들의 눈치를 보며 책상 밑에서 쪽지를 펼쳐 보았다. 그것은 감사원이 감사를 종료하고, 종합국감 당일인 그날 나를 '추미애 전 장관 유권해석 관련 직권남용'과 '감사 방해' 등의 혐의로 대검찰청에 수사를 요청했다는 기사였다.

나는 내 눈을 의심했다. 분명 감사원에 종합국감일 이후에 조사 가능한 날짜까지 구체적으로 제시하며 조사를 받겠다는 의사를 이미 공문으로 전달하였던 터인데…. 이게 사실일까? 그런데도 감사원은 직접 조사를 받겠다는 나의 요청도 거부하고, 오히려 내가 감사원 조사에 불응했다는 억울한 누명을 씌워 감사 방해 혐의로 검찰에 수사를 요청하였다니…. 순간적으로 '내가 그들의 함정에 빠졌구나!' 하는 생각이 들었다.

불길한 예감은 틀리지 않는다고 했던가. 감사원은 의도적으로 내가 조사받을 수 없는 날짜들만 골라 일방적으로 공문을 보낸 것이다. 그러고선 감사원에 "예정된 공식 일정이 있어 도저히 조사를 받지 못하니 다른 날짜로 조정해 달라."고 요청하자마자 기다렸다는 듯이 내가 조사에 불응했다면서 감사 방해 혐의로 대검에 수사를 요청한 것이다. 그것도 종합국감 당일에! 이것은 누가 봐도 자신들이 판 함정에 나를 빠뜨리려는 트집 잡기식 무고성 수사 요청이라고 밖에 볼 수 없었다. 도저히 대한민국 헌법기관인 감사원의 공권력 행사라고는 믿기지 않는 억지이자 어이없는 행태였다.

감사원 사무처는 나에 대한 감사가 아무런 성과를 얻지 못하여 그 감사가 권익위원장의 사퇴를 압박하기 위한 정치적 표적감사라는 지적을 피할 수 없게 되자 이런 꼼수를 부린 것이 분명했다. 그들에게 몰아닥칠 법적책임과 후폭풍이 두려워 빈손 감사를 감추기 위해 나에게 말도 안 되는 '감사 방해'라는 억울한 누명을 덧씌워 수사기관으로 보낸 것이다. 이것이야말로 헌법기관인 감사원이 공권력인 감사권을 남용한 직권남용이자 무고가 아닐 수 없었다.


## 법무부 장관 이해충돌 유권해석의 전말


더구나 감사 방해 혐의와 함께 감사원 사무처가 나를 대검에 수사 요청했던 혐의도 터무니없기는 마찬가지였다. 바로 '추미애 전 법무부 장관 이해충돌 여부 유권해석 관련 직권남용'이 그것이다.

국민의힘 국회의원들은 예전에도 이와 비슷한 건을 가지고 권익위에 유권해석을 요청한 적이 있었다. 전임 박은정 국민권익위원장 시절, 국민의힘 국회의원들이 권익위에 당시 부인이 검찰 조사를 받고 있던 조국 법무부 장관에 대해 가족의 검찰수사와 관련하여 법무부 장관의 이해충돌 여부에 관한 유권해석을 요청한 적이 있었다. 다분히 조국 법무부 장관에 대한 국민의힘의 정치적 공세로 보이는 요청이었다.

이해충돌에 관한 국민권익위원회의 유권해석 원칙은 분명하다. 이해충돌이 성립하려면 '사적 이해관계자' 요건과 '직무 관련성' 요건 등 두 요건이 '모두' 충족되어야 한다. 즉 법무부 장관의 가족이 검찰에서 수사를 받는 것은 '사적 이해관계자' 요건을 충족한다. 또 다른 요건인 '직무 관련성' 요건이 인정되려면 법무부 장관이 가족

수사를 총괄하는 책임자인 검찰총장에게 구체적 수사지휘권을 행사하여야 한다. 이 두 요건을 모두 충족해야만 이해충돌이라고 할 수 있다.

그런데 당시 권익위는 조국 법무부 장관에 대한 국민의힘 의원들의 유권해석 요청에 대해 "조국 장관은 부인이 검찰수사를 받는 당사자이므로 사적 이해관계자 요건이 충족되므로 이해충돌 소지가 있다."는 식의 답변을 내놓았었다. 이는 당시 권익위가 조국 법무부 장관이 검찰총장에게 구체적 수사지휘권을 행사했는지 여부를 확인하지 않은 채, 수사받고 있는 부인이 가족이라 사적 이해관계자 요건이 있으니 '일부 이해충돌 가능성이 있다.'는 정도의 반쪽짜리 해석이었다.

그러나 이러한 권익위의 "이해충돌 '소지'가 있다."는 유권해석에 대해 국민의힘은 마치 기다렸다는 듯이 단정적으로 조국 법무부 장관을 몰아붙였다. 그들은 권익위에서 "이해충돌이다."라고 해석했다며 조국 장관은 법무부 장관의 자격이 없으니 당장 그 자리에서 물러나야 한다고 대대적인 정치적 공세를 펴부었다.

그러나 국민의힘이 조국 장관에 대해 이해충돌이라고 주장하는 논리대로라면 자신의 가족들이 수사기관에서 신고나 그 어떤 명목으로든 수사를 받기만 하면 모든 법무부 장관은 이해충돌로 자리에서 물러나야 한다는 어처구니없는 결론에 이르게 된다. 즉 국민의힘 논리대로라면 윤석열 정권에서 자녀의 논문 문제와 기자들의 자신의 집 주거 침입 문제에 대해 자녀와 본인이 피의자이거나 고소인으로서 수사대상인 한동훈 법무부 장관도 사적 이해관계자 요건이 충족되므로 이해충돌로 사퇴 대상이 되어야 한다.

그러나 현재 윤석열 정권에서 이런 주장을 하는 국민의힘 의원은 아무도 없었다. 그야말로 '내로남불'이고 '이중 잣대'가 아닐 수 없다. 이는 조국 장관에 대한 이해충돌 주장이 국민의힘의 무책임한 정치적 공세였다는 것을 반증하고 있다!

내가 권익위원장으로 재직하던 때 추미애 전 법무부 장관의 자녀가 군부대 휴가 건과 관련하여 검찰에 신고가 접수되어 수사를 받고 있었다. 조국 법무부 장관을 이해충돌로 몰아가며 정치적 공세에 비교적 성공했다고 생각했는지 국민의힘 의원들은 다시 한번 권익위에 '추미애 법무부 장관의 이해충돌 여부'에 관해 유권해석을 요청해 왔다.

국민의힘 입장에서는 권익위가 어떤 유권해석을 하든 정치적 공세를 펼 수 있는 약삭빠른 해석 요청이었다. 즉 권익위가 '이해충돌'이라는 유권해석을 내린다면 조국 장관 때처럼 추미애 법무부 장관에게 '사퇴하라.'고 정치적 공세를 펼 것이었다. 그런데 만약 '이해충돌이 아니라.'는 유권해석을 내린다면 '민주당 국회의원 출신의 전현희 권익위원장이 같은 당 추미애 법무부 장관을 감싸기 위해 전임 권익위원장과 다른 해석을 내렸다.'며 비난할 것이었다. 이를 빌미로 눈엣가시 같은 전현희 권익위원장에게 사퇴하라는 정치적 공세를 펼 수 있으니 일거양득인 셈이었다.

　그러나 유권해석 요청으로 포장한 속이 훤히 들여다보이는 국민의힘의 의도된 정치적 공세의 덫에 그대로 걸려들 수는 없었다. 또한 지난번처럼 정치적 중립기관이자 독립된 기관인 권익위가 정치적 논란의 한가운데에 설 수도 없었다. 권익위 간부들과 함께 국민의힘 유권해석 요청에 대한 대응방안을 논의하는 회의를 열었다. 그 회의에서는 지난번 조국 장관 때와 같이 부주의한 해석을 내리지 않도록 하자고 뜻을 모았다. 그래서 이해충돌 여부에 대한 사적 이해관계자 요건만 확인하는 바람에 빚어진 논란과 그로 인한 정치적 공세를 차단하기 위해 이번에는 좀 더 정확하고 명확하게 직무 관련성까지 확인하자고 결론이 모였다.

　자녀의 검찰수사와 관련하여 법무부 장관의 직무 관련성이 있으려면 검찰청법 제8조에 의한 법무부 장관의 검찰총장에 대한 구체적 수사지휘권을 행사한 사실이 인정되어야만 했다. 그래서 권익위는 조국 장관처럼 "사적 이해관계가 있으니 이해충돌 소지가 있다."라는 반쪽짜리가 아닌 좀 더 정확하고도 완전한 해석을 하기 위해 이해충돌 성립 여부의 또 다른 중요 요건인 직무 관련성을 확인하기로 하였다. 추 장관의 자녀 수사와 관련하여 법무부 장관이 검찰총장에 대해 수사지휘권을 행사했는지 여부를 대검에 사실조회 확인을 요청한 것이다.

　당시 검찰총장은 윤석열이었다. 대검찰청 공문 회신에서 윤석열 검찰총장은 "추미애 법무부 장관이 검찰총장인 자신에게 추 장관 자녀 수사와 관련하여 구체적 수사지휘권을 행사한 바도 없고, 자신도 자녀 수사와 관련하여 추미애 법무부 장관에게 수사 내용을 보고한 바도 없다."고 회신해 왔다.

다시 밝히지만, 권익위 유권해석 원칙에 따르면 법무부 장관의 이해충돌이 성립하려면 수사 대상자가 가족이나 본인 등 사적 이해 관계가 있어야 하고, 검찰총장에게 구체적 수사지휘권을 행사하는 직무 관련성이 있어야 한다. 즉 사적 이해관계자 요건과 직무 관련성 요건 두 가지가 모두 충족하여야 추 장관의 자녀 수사에 대한 이해충돌이 성립한다는 것이다.

그런데 당시 윤석열 검찰총장의 사실조회 회신에 따르면 추미애 장관에게는 '직무 관련성 요건이 없음'이 공식적으로 확인되었다. 이렇게 추미애 법무부 장관은 이해충돌 요건이 충족되지 않는 것이 확인되었고, 권익위는 유권해석 원칙에 따라 "추 장관이 이해충돌이 아니다."라고 해석한 것이다. 사실상 윤석열 검찰총장이 추미애 법무부 장관이 자녀의 검찰수사와 관련해서 이해충돌이 아니라고 최종적으로 확인해 준 것과 마찬가지인 셈이다.

그러나 국민의힘 의원들과 일부 보수 언론들은 이러한 사실관계를 무시했다. 이들은 추 장관이 이해충돌이 아니라는 권익위의 유권해석은 같은 민주당 국회의원 출신인 전현희 권익위원장이 정치적 편향성을 가지고 유권해석에 부당하게 개입하여 추 장관 편을 들었다며 정치적 공세를 퍼붓기 시작했다.

오히려 그들이야말로 정치적 편향성을 가지고 억지춘향식으로 사실관계까지 왜곡하며, 권익위의 공정하고도 정확한 유권해석에 대해 정치적 잣대를 들이댄 것이다. 더불어 마녀사냥을 하듯이 나에 대한 비난을 퍼부은 것이다. 그 의도는 너무나 명확하다. 그들과 반대진영 출신인 권익위원장에 대한 묻지마식 비난을 퍼부어 파렴치한 범죄자로 매도하여 정치적 상처를 주거나 사퇴시키려는 것이었다!

## 삼각 카르텔 조작 감사의 덫

이렇게 정권의 행동대장으로 나선 감사원 사무처가 추미애 장관 유권해석 이슈와 관련해서 나에게 새로운 조작의 덫을 놓았다. 국민의힘과 보수 언론이 나에 대한 터무니없는 정치적 공세의 주제로 삼았던 추미애 법무부 장관의 유권해석과 관련하여 감사원 사무처가 다시 리바이벌하며 나에 대한 표적감사의 주요 주제로 감사에 돌입한 것이었다. 국민의힘이 덫을 놓고 보수 언론에서 부풀리고 기정사실화하며 감사원이 행동대장으로 나서서 마무리하기로 기획되고 의도된 삼각 카르텔 덫이었다.

나는 유권해석과 관련하여 권익위원장으로서 권익위의 해석 시스템을 존중하여 원칙과 절차에 따라서 처리하였다. 그러니 진실만 정확하게 밝혀진다면 나에게 아무런 법적 문제가 없음이 확인될 것이라 자신했다. 따라서 그들이 아무리 나를 함정에 빠뜨리려고 허위 조작을 하더라도 아무런 두려움이 없었다. 그래서인지 감사원은 나를 목표로 한 표적감사를 진행하는 동안 단 한 번도 나를 조사하지 않았다.

아무리 털어도 나에 대한 아무런 위법 증거를 찾지 못하자 감사원 사무처는 무리하고도 위험한 시도를 하기 시작했다. 감사원 사무처는 권익위 실지감사 종료를 며칠 앞두고 갑자기 제보자로 추정되는 권익위 고위직원을 유권해석에 관한 증인으로 소환하여 증언을 들었던 것이다.

제보가 사실인지 확인하기 위한 감사라면 당연히 객관적 제3자인 증인들에 의해 그 제보가 사실이라는 증언을 확보하여야 증거능력이 인정된다. 그러나 객관적 제3자인 권익위 직원들로부터 나의 위법성에 관한 증언을 확보하지 못하자 감사원 사무처는 매우 위험하고도 무리한 증거 조작을 시도한 것이다. 즉 제보자의 신분을 숨기고, 마치 객관적인 제3자인 것처럼 증인으로 둔갑시켜 무고성 허위증언을 확보하였다. 그리고 그 증언을 증거로 나를 대검에 수사 요청한 것이다.

예를 들면 그 권익위 고위직원은 내가 한 식당에서 유권해석과 관련하여 직원들을 질타하며 미역국을 숟가락으로 내리치며 협박성 강요를 했다고 증언했다고 한다. 또한 내가 강요하여 유권해석과 관련하여 MBC 라디오 방송에 출연시켜 허위 인터뷰를 하도록 종용했다고도 증언했다고 한다. 이런 식으로 확보한 허위증언을 나에 대한 증거라며 감사원 사무처가 나를 추미애 장관 유권해석과 관련 직권남용, 강요죄 등의 혐의로 대검에 수사 요청을 한 것이었다.

이는 대대적으로 시작했던 나에 대한 감사가 빈손 감사, 맹탕 감사가 될 경우 제보자와 감사원 사무처에 닥칠 정치적 법률적 후폭풍이 두려워서 나에게 뭐라도 범죄 혐의가 있는 것으로 만들기 위해 벌인 조작으로 보인다.

그러나 감사원 사무처가 대검에 수사 요청한 추미애 장관 유권해석 관련 혐의들은 이후에 감사위원회에서 모두 무혐의 불문 결정이 내려졌다. 사무처의 나에 대한 무리한 대검 수사 요청이 사실상 무고라는 것이 감사위원회에서 확인된 셈이다. 이 부분도 현재 공수처에서 수사 중이므로 곧 진실이 밝혀질 것으로 기대한다.


## 한 편의 영화 같은 조작과 반전


당시에 만약 단 한 번이라도 감사원 사무처가 감사 도중에 나를 조사했다면 이 어처구니없는 혐의가 무고라는 것을 단박에 알아챘을 것이다. 그랬더라면 윤석열 검찰총장이 추미애 전 장관이 수사지휘권을 행사하지 않아 이해충돌 요건인 직무 관련성이 없었다는 것을 확인해 준 공문이 존재하고, 따라서 내가 유권해석에 부당하게 개입한 사실이 없다는 것을 당연히 알 수 있었을 것이다. 그리고 권익위 유권해석은 윤석열 검찰총장의 이러한 확인 공문에 의해 직무 관련성이 부인되어 권익위가 시스템적으로 이해충돌이 아니라는 유권해석을 내렸다는 사실을 쉽게 확인할 수 있었을 것이다. 이렇듯 나를 조사해서 진실을 밝혔다면 오히려 나를 제보한 권익위 고위관계자가 허위무고성 제보를 했다는 사실을 알 수 있었을 것이다. 그랬다면 지금과 같은 감사원의 낭패도 없었을지 모른다.

그러나 어리석거나 무도하게도 감사원 사무처는 감사의 핵심표적이었던 나를 단 한 번도 조사하지 않았다. 수차례에 걸쳐 직접 조사를 요청했음에도 불구하고 말이다. 그리고 애초 정권의 요구에 부응하려 나의 사퇴를 압박하기 위해 감사를 기획한 것처럼 감사를 마무리했다. 그러면서 마치 한 편의 잘 짜인 시나리오처럼 감사원 사무처가 나를 유권해석 관련 직권남용 등의 혐의로 대검에 수사 요청하였던 것이다. 나에 대한 아무런 대면조사도 없이! 내 주변만 조사한 일방적 조사 결과만 가지고! 당시 정무위원회에서 더불어민주당 박성준 의원이 나에 대한 이러한 정권의 사퇴 압박과 감사원 감사의 일련의 상황들이 마치 한 편의 영화와도 같다며 비판하였는데 정확한 비유가 아닐 수 없다.

이렇게 감사 과정에서 단 한 번도 직접 소명할 기회조차 얻지 못한 채 감사원 사무처의 기획된 감사에 맥없이 당하는 게 아닌가 하는 생각이 들었다. 하지만 나, 전현희는 '중꺾마 정신'으로 무장한 사람이 아니던가? 나는 이대로 감사원 사무처의 횡포에 당하고만 있을 수 없다고 생각했다. 그리고 감사원 최고의결기구인 감사위원회에 나의 억울함을 소명할 기회를 달라고 공문을 발송하였다.

감사원은 사무처가 일종의 검사 역할을 하여 수사 및 공소를 제기하고, 차관급 이상의 7명의 감사위원들로 구성되는 감사위원회가 판사 역할을 하는 구조로 운영된다. 다시 말해 사무처가 감사를 진행하여 조사 결과에 근거하여 심판을 제기하면, 감사위원회에서 피고인 격인 피감 대상자의 변론과 소명을 듣고 양측의 입장을 종합하여 최종 판결을 내린다. 피고인에 대한 조사 없이 검사들이 공소를 제기한 격인 감사원 사무처의 어이없고 납득할 수 없는 조치를 감사위원회가 바로잡아 주리라 기대하며 감사위원회에 직접 소명 기회를 달라고 수차례 요청을 하였던 것이다. 감사원 사무처가 방해할 텐데 과연 감사위원회에서 나의 소명 요청이 받아들여질지 반신반의하며 하염없이 기다리는 수밖에 없었다.

그러던 어느 날 다행히도 감사위원회에서 연락이 왔다. 대심절차에서 나의 소명을 듣겠다는 것이었다. 아무런 소명 기회도 주어지지 않은 채 이대로 나에 대한 표적감사가 끝나는 것 아닌가 하는 생각에 분노를 삼키고 있었는데, 아직 '정의가 살아있구나.' 하는 생각이 들었다. 변호사와 의논하며 감사원 사무처의 감사 내용에 대한 소명 자료를 열심히 준비하였다.

마침내 감사위원회 대심절차가 열린 날 긴장된 마음으로 감사원에 출석하였다. 감사위원회 대심회의장은 감사원장을 중심으로 6명의 감사위원이 원형으로 둘러앉아 있었다. 나의 조사를 담당했던 조사팀이 엄숙한 분위기로 한쪽에 자리 잡고 있었다. 나는 어렵게 잡은 이 기회를 최대한 활용하기 위해 준비한 자료를 읽어 가며 하나하나 증거를 제시했다. 그러면서 감사를 받는 동안 소명하고 싶어도 할 수 없었던 나의 억울한 혐의들을 적극적으로 소명하였다.

감사위원들은 거의 4시간에 걸쳐 억울함을 호소하는 나의 긴 소명을 조용히 경청해 주었다. 소명을 마치자 두어 분이 질문을 해왔고, 나는 역시 적극적으로 답변하였다. 감사원 특별감사가 개시된 후 벙어리 냉가슴 앓듯 나에 대한 감사를 지켜봐야만 했던 내가 거의 열 달이 지나서야 비로소 하고 싶은 말을 할 수 있게 된 것이었다. 속이 다 후련했다.

임기 종료를 한 달도 안 남긴 2023년 6월 2일, 예상하지 못한 기쁜 소식을 접하게 되었다. 감사위원회에서 감사원 사무처가 감사 결과 제기했던 나에 관한 비위 의혹에 대해 모두 '무혐의, 즉 불문' 결정을 내렸다는 다수의 기사들이 쏟아졌다. 권익위 간부 직원 징계에 대한 선처를 구하기 위해 '나와 직원들이 탄원서에 서명을 했다.'는 사유에 대해 기관주의 조치를 한 것 외에, 위원장 개인 혐의에 대해서는 모두 책임을 묻지 않는 '불문, 즉 무혐의'라는 것이었다.

지난 열 달 동안 고통스러웠던 순간들이 주마등같이 스치며 먹먹해졌다.

그동안 아무런 반론도 듣지 않고 감사원 사무처에서 일방적으로 흘린 피감사실을 그대로 받아쓰면서 나를 근태 불량자이거나 청탁금지법을 위반한 파렴치범으로 감사원 사무처와 함께 몰아갔던 언론들도 이제 완전히 태세를 바꾸었다. 마치 그동안 아무 일도 없었다는 듯이 나에게 무혐의를 받은 소감을 물어 왔다. 그동안 기울어진 언론의 불공정성과 무책임한 보도를 목격하며 씁쓸한 마음이 들었다.

"사필귀정(事必歸正)! 아직 정의가 살아있었다! 감사위원들에게 경의를 표한다."라는 짧은 소감을 그날 나의 SNS에 올렸다.

## 감사원이 대통령 국정운영 지원기관이라고?

태풍의 한가운데를 '태풍의 눈'이라고 한다. 아무 일이 없을 것처럼 고요하고 평온해 보이지만, 본격적으로 다가와 비를 뿌리다 물러나기 직전에 온 세상을 뒤흔들듯 강력해진다. 나를 향한 표적감사의 모습이 이와 비슷했다. 시작은 보이지 않는 정권의 사퇴 압박이었지만, 날이 갈수록 격앙된 목소리와 거센 탄압이 태풍처럼 휘몰아쳤다. 전현희라는 한 사람을 때리고 부수기 위해 몰아친 광풍은 언제 어디서 어떻게 불어올지 예측할 수 없는 태풍의 비바람처럼 공포스러웠다. 더욱이 나를 향한 감사원의 표적감사는 비가 와야만 끝나는 인디언 기우제처럼 나에 대한 비위가 나올 때까지 이어질 것처럼 집요하게 계속되었다.

"감사원은 대통령의 국정운영을 지원하는 기관이라고 생각한다."

국민권익위원회와 권익위원장인 나에 대한 감사가 시작될 무렵, 최재해 감사원장이 국회 법제사법위원회(법사위)에서 이런 발언을 하여 논란이 되었다. 정권에 대한 독립성과 업무의 중립성을 지켜야 할 헌법기관인 감사원의 수장인 감사원장이 '감사원은 대통령의 국정운영을 지원하는 기관'이라니…. 여당 소속인 법사위원장도 "귀를 좀 의심케 한다."며 발언을 수정할 기회를 줄 정도로 감사원장의 이 발언은 감사원의 독립성이 무너진 상징으로 대한민국을 큰 충격에 빠뜨렸다.

감사원이나 국민권익위원회는 '정권의 편'이 아닌 '국민의 편'에 서야 한다. 그래서 이들 기관의 독립성을 헌법과 법률로 정해 둔 것이다. 그러나 감사원 사무처는 '국민'이 아닌 '권력'을 선택했다. 국민과의 약속을 선택하며 법률이 정한 임기를 지키고자 하는 권익위원장의 사퇴를 압박하며 표적감사를 실시한 것은 명백히 국민에 대한 배반 행위였다.

감사원 사무처는 권익위 감사에 착수한 이후 나와 업무상 관련된 수십 명의 권익위원회 직원들을 조사하고 나와 관련된 수천 장에 달하는 방대한 자료를 요구하며 제출을 받았었다. 나의 권익위원장 2년여간의 업무추진비 내역이나 카드 사용 내역 및 기차, 버스, 승용차 등 차량 이용 내역, 하이패스 기록 등과 심지어 관사의 물품 내역까지 그야말로 털털 털었다. 또한 영장도 없이 비서실 직원들과 업무 관련 직원들의 업무용 컴퓨터 여러 대를 통째로 디지털 포렌식 하는 등 무리한 조사를 하기도 했다.

그러한 먼지털이식 조사에도 불구하고 나에 대한 비위 의혹에 대한 증거가 하나도 나오지 않자, 직원의 출장비 문제 등을 들추면서 위원장의 부당한 개입을 불지 않으면 불이익을 받을 수 있다는 식으로 압박하는 별건감사까지 시도하였다. 그들은 나의 비위 의혹에 대한 증거 확보를 위해 권익위 직원들에게서 "위원장의 부당한 지시나 개입이 있었다."는 진술 증언을 확보하고자 열을 올렸다.

감사원 사무처는 권익위원장과 '언론사 간부와의 오찬 간담회 1건'이 식사비로 1인당 3만4천 원이 지급되어 청탁금지법 위반 의혹이 있다며 이에 대해 비서실과 대변인실 등 관련 부서 직원 십여 명을 강압적으로 조사하였다. 하지만 결과적으로 나의 위법 사항은 전혀 찾지 못했다.

또 서울과 지방 업무로 한 달에 몇 번밖에 사용하지 않는 세종시 소재 권익위원장 아파트 관사의 수도가 한겨울에 동파되어 누수된 사건을 국고횡령한 것이 아니냐며 매우 강압적으로 직원들을 추궁하기도 했다. 내가 관사에 없을 때 한파가 심했던 한겨울에 수도가 동파하여 누수된 사건에 대해 아파트 관리실의 연락을 받은 권익위 직원들이 조치했던 사건이었다.

감사원 조사관들은 감사 초기부터 제보 내용에 따라 나를 국고횡령으로 몰아가려 했다. 그러나 권익위 직원들로부터 자신들이 원하는 결론을 얻을 수는 없었다. 그러자 결국 전문가를 호출하여 관사의 현장검증까지 하기에 이르렀다. 그러나 오히려 전문가 감정으로 인해 '동파로 인한 누수'가 확실하다고 입증되어 나의 국고횡령 혐의가 전혀 사실이 아님이 입증되었다. 감사 초반에 나의 혐의를 확신하고 집중적으로 관사에 관한 감사를 진행했던 감사원 사무처로서는 당황스런 결론이었을 것이다.

공직자로 근무하는 동안 금전 문제에는 결벽증이라 할 만큼 공사 구분을 정확하게 해 왔던 내가 불과 일이백만 원에 나의 공적인 인생을 걸 만큼 어리석을 리가 있겠는가. 전현희를 정말 잘못 본 것이다.

그 외에도 권익위 업무 홍보를 위한 '암행어사 두루마기 대여 비용'에 대해서도 문제 삼았다. 하지만 이 역시 아무런 위법 사유가 나오지 않았다. 또한 내가 특정인을 추천하며 '일반직 경력 채용'에 부당한 지시를 내렸다는 혐의도 받았지만 이 또한 사실이 아니었다.

# 아, 감사위원회의 최종 불문 결정

이러한 비위 의혹 제보 사안들에 대해 감사원 조사관들이 수십 명의 관련 권익위 직원들을 집중적으로 추궁하고 자료들을 샅샅이 뒤졌다. 하지만 결과적으로 감사위원회에서 모두 무혐의를 받았고, 제보 사안들은 사실이 아닌 것으로 드러나 사실상 허위무고성 제보였다는 것이 확인되었다. 이제 그 하나하나의 전말을 말씀드리겠다.

우선, 근태 문제는 감사 결과 '근무시간 미준수'로 판단하여 불문 결정이 내려졌다. 내가 평균적으로 근무한 시간이 주 60시간 이상이었으니, 주말도 없이 새벽부터 밤늦게까지 일한 것이라 틀린 말이 아니다. 또한 감사위원회는 "기관장의 경우 외부 일정이 많고 퇴근 시간 개념이 명확하지 않아 별도 처분은 요구하지 않는다."고 밝혔다.

조국 장관과 추미애 장관 유권해석 관련해서도 위법 행위가 없다고 판단했다. 특히 추 장관이 아들 문제로 내가 위법이 없었다는 사실을 확인해 준 확실한 증거는 따로 있었다. 이 같은 내용이 담긴 공문에 찍힌 당시 '윤석열 검찰총장의 직인'이었다. 검찰총장이 내린 결론에 권익위원장이 개입할 여지가 있을까? 기관장으로서 최종 권한을 갖고 보고를 받은 내용에 협의를 진행할 뿐 '개입'이라는 용어 자체가 성립되지 않는다.

관사 수도물 국고횡령 의혹 문제도 동파로 인해 발생한 해프닝으로 결론이 났고, 언론사 국장 오찬비용 문제나 행사 한복 대여 비용 및 대변인실 직원 채용 비리 의혹도 나와 아무런 관련이 없는 무고성 제보로 확인되었다.

감사 방해도 마찬가지로 불문 결정이었다. 감사원은 권익위 직원들을 반복적으로 불러 조사하며 엄청난 양의 관련 서류를 요청하면서 정작 감사 대상인 나는 조사를 하지 않았다. 보다 못한 내가 '직원들을 그만 괴롭히고 나를 직접 조사해 달라.'고 수차례에 걸쳐 보낸 공식 공문에도 불구하고, 감사원 사무처는 두 달간의 권익위 현지 실지감사에서는 한 번도 조사하지 않았다.

그러다가 국정감사 준비로 한창 바쁜 시기에 일방적으로 날짜를 정해 서울 감사원 특별조사국 조사실로 조사받으러 오라고 통보하였다. 하필이면 공식 일정이 있는 시간이고, 국감 준비로 도저히 조사를 받을 수 없는 국감 기간이라, 나는 국감 종료 후인 10월 27일과 28일을 제시하며 그날 조사를 받을 수 있으니 일정을 정해 달라며 답변했다. 그런데도 불구하고 나를 감사에 불응했다며 감사 방해 혐의로 어이없게 수사 요청한 것이었다.

뒤에 유병호 감사원 사무총장이 공수처의 소환조사에 불응하면서 그 사유로 공수처가 사전 일정 협의 없이 일방적으로 소환 통보하였다고 주장하고, 국감 준비로 조사를 받을 수 없다고 주장하는 것을 보게 되었다. 똑같은 사유로 감사원은 나에게는 '감사 방해'라는 혐의로 수사 요청까지 했던 그들의 '이중 잣대, 내로남불'에

## 전현희 권익위원장에 대한
## 감사원 감사 결과

| | 쟁점 | 감사원 사무국 감사 개요 | 감사위원회의 위원장에 관한 결정 | 감사위원회의 기관에 관한 결정 |
|---|---|---|---|---|
| 1 | 위원장 근태 (출퇴근) | 위원장의 출퇴근 근태 문제 | 불문 (위법 부당 없음) | |
| 2 | 추미애 장관 이해충돌 유권해석 관련 | 조국 장관과 추미애 장관 유권해석 원칙 보도자료 | 불문 (위법 부당 없음) | |
| 3 | 추미애 장관 이해충돌 유권해석 관련 | 유권해석 관련 보도자료에서 "실무진의 전적인 판단" 이라는 부분 | 불문 (위법 부당 없음) | |
| 4 | 추미애 장관 이해충돌 유권해석 관련 | 증인이 위원장이 라디오 인터뷰에 담당 국장 출연 강요하였다고 주장한 부분 | 불문 (위법 부당 없음) | |
| 5 | 서해 공무원 유권해석 | 증인이 위원장이 미역국집과 국회 사무실에서 간부에게 질타했다고 주장한 부분 | 불문 (위법 부당 없음) | |
| 6 | 감사 방해 ① | 근태 소명자료 제출 불응 주장 관련 | 불문 (위법 부당 없음) | |
| 7 | 감사 방해 ② | SNS에 감사원 감사 법적 문제 지적 부분 게재 등 | 불문 (위법 부당 없음) | |
| 8 | 탄원서 | 권익위 갑질 직원에 대한 위원장과 직원들의 탄원서 제출 부분 | 불문 (위법 부당 없음) | 기관 주의 (부적절) |

쓴웃음을 지을 수밖에 없었다.

감사원 최고의결기구인 감사위원회에서, 권익위 간부와 관련된 탄원서 건만 권익위 '기관주의' 처분을 받았을 뿐 사무처가 제시한 나의 모든 개인 비위 의혹 사안에서 사실상 무혐의인 '불문' 결정을 받았다. 나에게 권익위원장을 사퇴할 아무런 위법한 부당행위가 없다는 진실이 밝혀진 것이다. '묵과할 수 없는 심각한 비위가 있다는 제보'로 감사를 개시했다는 감사원 사무총장의 주장이 무색할 만큼 아무런 성과도 없는 감사였고, 언론의 표현을 빌리자면 그야말로 '맹탕'이자 '빈손' 감사였다.

## 증거 조작과 위법 행위를 수사하라

나에 대한 감사원 사무처의 지리한 감사에서 대부분의 제보 내용이 사실이 아닌 걸로 확인되었다. 그런데도 감사원은 포기하지 않았다. 감사원 사무처는 오히려 더 무리한 방법을 동원했다.

감사에 앞서 감사원 사무처는 권익위에 대한 이례적 감사가 권익위원장에 관한 제보 내용이 사실인지 확인하기 위한 감사라고 주장하였다. 따라서 당연히 객관적인 제3자에 의해 제보 내용이 사실이라는 증언을 확보해야 했다.

그럼에도 불구하고 제3자인 직원들로부터 나의 비위 의혹이 사실이라는 증언을 확보하지 못하자 제보자로 강력히 추정되는 권익위 고위관계자를 마치 객관적인 제3자인 것처럼 증인으로 둔갑시켜 증언을 받아 냈다. 즉 제보자와 증인이 동일인인 '1인 자작극' 형식으로 감사원 사무처가 증거를 조작한 정황이라는 추정이 강력히 제기되었다.

그리고 두 달간에 걸친 권익위 현지 실지감사에서 나의 비위 의혹에 대해 아무런 증거도 발견되지 않자, '추미애 전 장관 유권해석' 건에 대해 제보자로 추정되는 권익위 고위관계자의 허위무고성 증언을 나에 대한 범죄 혐의의 증거로 삼아 대검에 유권해석에 관해 직권남용, 강요죄 등의 혐의로 수사를 요청하는 무리수를 둔 것이다. '빈손 감사', '맹탕 감사'라는 비난을 피하기 위한 허위무고성 증언을 근거로 무고성 수사를 요청한 것이다.

여기에 더해 감사원법상 수사 요청의 법률적 절차마저도 위반하였다. 감사원법에 따르면 감사원의 주요 감사 계획과 감사 결과에 대한 수사 요청은 감사원 최고의결기구인 감사위원회의 의결을 거쳐야 한다. 감사원 사무처의 감사 결과가 감사위원회에서 범죄 혐의가 있다고 확인되면 감사위원회 의결을 거쳐 수사기관에 고발 조치하도록 규정되어 있다. 다만 절차까지 오랜 시간이 걸리는 감사위원회 의결까지 기다리기에는 피감 대상자의 '도주 우려'나 '증거인멸 우려'가 있을 때 피감자 본인 진술을 듣고 범죄 혐의가 확인되면 예외적으로 감사위원회의 의결을 거치지 않고 수사 요청할 수 있다고 규정되어 있다.

우선 당시의 나는 감사위원회의 의결을 거치지 않고 수사 요청할 수 있는 법률 요건인 '도주 우려'가 전혀 없었다. 현직 국민권익위원장이라는 사실을 감안하면 누가 봐도 명확한 사실이다. 그리고 또 다른 요건인 '증거인멸 우려'와 관련해서도 마찬가지다. 감사원 사무처는 대검에 수사 요청했던 추미애 전 장관 유권해석 건과 관련하여 두 달간의 권익위 현지 실지감사에서 관련 직원 십여 명에 대해 수차례에 걸친 조사를 시행했고, 권익위 내에 존재했던 모든 관련 서면 증거자료들의 확보한 상태였다.

게다가 관련 직원들의 업무용 컴퓨터를 통째로 포렌식 하여 권익위에 있는 사실상 모든 증거자료를 빠짐없이 확보하고 있었다. 그리고 장관급 기관장으로 평소 직원들이 작성한 서면 자료로 보고를 받았고, 구두로 지시를 해 왔으며, 컴퓨터로 직접 업무문서 작성을 한 적이 없었던 나에게는 유권해석과 관련한 아무런 증거자료가 없었다. 그러니 내게 인멸할 증거자료 자체가 존재하지 않았던 것이다.

따라서 도주와 증거인멸 우려 자체가 없어서 감사위원회의 의결을 거치지 않고 수사를 요청할 수 있는 법률적 요건이 구비되지 않았다. 그렇다면 이들은 감사원법상 규정된 감사위원회의 의결을 거쳐 범죄 혐의가 확인되었을 때 고발 절차를 밟아야 했다. 그러나 감사원 사무처는 이러한 감사원법령도 위반하며 앞서 밝힌 대로

2022년 10월 권익위에 대한 국회의 마지막 종합국감 당일에 나를 추미애 전 장관 유권해석 관련 직권남용과 강요 및 감사 방해 혐의로 무리하게 수사를 요청했다.

도대체 왜 헌법기관인 감사원이 권익위원장 한 사람을 대상으로 감사원 조직을 총동원하여 이렇게 무리한 감사와 수사 요청을 한 것일까? 지난 정권에서 임명되었다는 이유로 윤석열 정권에서 사퇴시켜야 할 눈엣가시 같은 나의 존재 자체에 대해 정권의 행동대장 역할을 자임한 감사원 사무처가 이렇게 무리에 무리를 거듭했던 것이다.

감사원 사무처가 감사원 법령을 위반한 무리한 수사 요청을 한 지 7개월이 지난 2023년 6월 감사원 최고의결기구인 감사위원회에서 감사원 사무처가 감사 결과 제시한 나의 모든 비위 의혹에 대해 최종적으로 무혐의 불문 결정을 내렸다. 감사위원회 결정에 의해 감사원 사무처가 대검에 수사 요청한 사항들도 모든 무혐의 결정을 받았던 것이다. 즉 감사원 사무처가 나를 대검에 수사 요청한 모든 사항들은 사무처의 무고성 수사 요청이라는 의미이기도 했다. 이제 결과적으로 나의 위법 사항은 없어졌고, 그들의 위법 사항만 남았다.

권력의 눈에 들기 위해 감사원 감사라는 공권력을 사사로이 이용하면 반드시 그에 상응한 대가를 치른다는 것을 확실히 알 수 있도록 하여야 한다. 그리하여 다시는 대한민국에서 국가기관의 공권력을 남용한 비극적 국기문란 행위가 없도록 역사적 교훈을 남겨야한다. 그래서 명확한 증거도 없이 나를 대검에 무리하게 수사 요청했던 감사원 사무처에 대해 무고와 직권남용 등의 혐의로 공수처에 고발 조치하였다. 이제 그들이 공수처 수사를 받는 범죄피의자의 신분이 되었다. 그리고 그에 상응하는 대가를 치를 일만 남았다.

권력의 눈에 들기 위해 공권력을 사사로이 사용하면 반드시 그에 상응한 대가를 치른다는 것을 확실히 알 수 있도록 하여야 한다. 그리하여 나는 감사원 사무처에 대해 무고와 직권남용 등의 혐의로 공수처에 고발 조치하였다. (출처: 연합뉴스)

# 길이 끝난 곳에서
# 길은 다시 열린다

### 언론이 바로 서야 정의가 바로 선다

초짜 변호사 시절 혈우병 환자들의 에이즈 감염 사건을 맡아 소송을 진행할 때의 일이다. 거대 제약회사의 힘과 거대 로펌의 전관 대군으로 인해 법정에서 젊은 초짜 여성 변호사 혼자서 진실을 찾는 것은 도저히 불가능해 보이던 시기였다. 세상에서 버려진 채 아무도 도와 주지 않는 힘없는 국민의 불행을 무심히 지나치지 않고 힘을 보태 줄 정치인이 있을 것이라 막연히 기대하며 국회의 문을 두드렸다.

그런데 국회의원은커녕 그들의 보좌관조차 만나기 어려웠다. 국민이 마주한 부당한 현실이나 엄청난 피해와 상관없이 유권자들의 주목을 받기 좋은 화끈한 이슈에만 관심을 가졌기 때문이다. 그들의 이중성 때문에 예상치 못한 세상의 벽과 마주한 나는 다른 방법을 고민했다. 정치인이 국민을 위해 힘을 보태지 않는다면, 더 막강한 힘을 가진 존재가 필요하다. 더구나 국회의원은 임기가 있지만, 그들에게는 임기가 없다. 정치인이 두려워해야 할 존재, 바로 국민이었다.

언론의 힘이 얼마나 막강한지 깨달은 계기가 그때였다. 국민을 움직이려면 한 사람씩 만나 설득할 수는 없는 일. 하지만 시청률 높은 탐사보도 프로그램을 이용한다면 가능하다고 믿었다. 방송이 이루어지기까지 많은 어려움이 있었지만, 유명한 탐사보도 프로그램 피디들을 수소문하여 찾아다니며 방송에서 이 억울한 사연을 보도해 달라고 호소했다.

처음에는 모두 난색을 보였다. 그리고 관심을 보인 방송국조차도 의료와 법률적 이슈가 많은 내용이라 취재를 결정하지 못하고 있었다. 그때 나는 직접 프로그램 대본을 작성할 테니 방송을 해 달라고 호소하여 결국 피디들을 설득해 냈다.

마침내 KBS 〈추적 60분〉이라는 탐사보도 프로그램에서 혈우병 환아들의 에이즈 집단 감염 피해 사례를 다뤘고, 방송을 통해 전국에 방영되었다. 국회의원이 관심을 가지려면 국민의 주목을 받는 이슈여야 한다고 그토록 귀가 따갑게 들었던 '핫한 이슈'가 된 것이다. 단 한 시간, 방송이 진실을 알려 국민의 마음을 사로잡기까지 소요된 시간이었다.

하지만 절대 간과하지 말아야 할 것이 있다. 방송과 언론이 이렇게 막강한 힘이 있는 만큼 국민의 마음을 악의적으로 이용하고 선동하는 수단이 되어선 안 된다는 사실이다. 방송의 내용이 진실일 것이라는 국민의 믿음은 정보의 진실 여부를 검증하는 과정을 따로 거치지 않기 때문이다. 또한 수단으로 사용된 거짓 정보를 바로잡는 것은 불가능에 가깝다.

실제로 나의 경우만 보더라도 언론의 영향력을 알기에 충분했다. 연장에 재연장을 거듭한 감사원의 감사 기간이 10개월, 내게 씌워진 혐의 사안은 모두 13가지였다. 그중에서도 핵심 쟁점 사안은 8가지. 그런데 언론은 결과가 발표된 2023년 6월 9일까지 '감사원은~'이라는 표현을 붙여 이 사안들을 마치 사실인 것처럼 그대로 받아썼다. 그 결과 나는 파렴치한 범죄 혐의자로 낙인찍혀 세상에 손가락질받아야만 했다. 진실이 언젠가 제 모습을 드러내는 것은 사실이다. 그러나 그 진실이 세상에 알려지는 것이 이토록 어렵다.

최종적으로 나의 개인 비위 의혹들이 모두 무혐의라는 감사 결과가 언론을 통해 보도되자 그동안 먹구름이 드리워졌던 세상이 비로소 밝아지며 햇빛을 본 기분이었다. 찬란한 결말이었고, 꺾이지 않는 마음으로 윤석열 정권에 굴복하지 않고 싸워 이긴 값진 승리였다.

그렇지만 국민을 위해 열정을 쏟아부어도 부족할 시간을 공직자와 언론이 이렇게 낭비하는 것이 옳은 일인지 씁쓸한 생각이 들었다. 승리자이건 패배자이건 상처 없는 영광이 어디 있던가. 정의를 저버린 채 권력만 좇았던 저들과 어쩔 수 없이 싸워야만 했던 나 역시 상처투성이의 영광이었다.

## 끝까지 비겁한 감사원 사무처

감사원 최고의결기구인 감사위원회에서 나에 대한 모든 개인 비위 혐의를 무혐의로 불문 결정을 내렸다. 그러자 모든 언론사가 앞다퉈 감사위원회의 불문 결정을 보도했다. 그러나 이상하게도 감사원 사무처의 공식적인 발표는 없었다.

감사원법상 감사위원회에서 최종 불문 결정이 내려지면 감사결과보고서에는 불문 결정한 사유는 기재하지 않는 것이 원칙이다. 따라서 이 원칙을 따르자면 나의 모든 개인 비위 혐의가 무혐의로 최종 불문 결정이 난 이상 나에 관한 감사결과보고서는 기재할 내용이 없어 사실상 백지여야만 했다.

얼마 후 감사원 사무처의 최종 감사결과보고서가 공개되었다. 공개된 감사결과보고서에는 나의 모든 혐의가 무혐의라는 내용과는 차이가 나는 내용이 담겼다. 납득할 수 없는 상황이었다. 감사원 사무처가 나의 소명도 전혀 듣지 않고 자신들이 일방적으로 조사한 내용을 그대로 담았고, 결론도 두리뭉실하게 작성되어 있었다.

그래서 그 보고서만 보면 무혐의 결정이 났는지도 제대로 알 수 없을 정도였다. 일테면 무혐의 결정을 받은 '근무시간 미준수' 항목도 사무처가 무혐의가 아니라고 우기는 듯한 내용이 그대로 담겨 있었다. 추미애 장관 유권해석 건도 읽는 사람에 따라 마치 뭔가 문제가 있는 듯이 애매하게 작성되어 있었다. 그러니 이 감사결과보고서를 본 언론들도 혼란에 빠져 제각각 해석을 쏟아 냈다. 일부 언론은 마치 나에게 문제가 있는 것으로 감사결과가 나왔다는 식으로 보도하기 시작했다. 무엇인가 잘못 돌아가고 있었다.

그러나 곧 진실은 밝혀졌다. 감사위원회에서 나에 대한 모든 비위 의혹에 대해 무혐의 결정을 내리자 당황한 감사원 사무처가 이번엔 감사결과보고서 작성과 공개에서 무리한 조작을 감행한 것이었다. 그런데 감사 결과가 발표되고 나흘째 되던 날, 감사원 감사위원회 내부망에 올라온 조은석 주심 감사위원의 글이 알려지며 큰 파장이 일었다. "헌법기관에서 있을 수 없고 있어서도 안 되는 일이 발생했다."며 '전현희 국민권익위원회 위원장 감사결과보고서'가 감사위원들의 최종 결재 없이 전산 조작되어 공개되었다고 비판하는 글이었다. 이 글은 올라오자마자 커다란 파장을 몰고 왔다.

감사 대상자인 나로서는 감사원 내부에서 일어나는 상황에 대해 정확하게 알 방법이 없다. 다만 감사결과보고서의 최종 작성 권한은 감사원법상 일종의 판사 격이자 감사원 최고의결기구인 감사위원들에게 있다. 만약 감사원 사무처에서 감사위원들이 최종 의결한 감사결과보고서를 수정하거나 고쳤다면 당연히 감사위원들이 그것을 열람하고 확인하는 절차를 거쳐야만 한다.

조은석 위원은 주심 위원인 자신이 검수하지 않은 감사보고서가 전자결재시스템에 등록되고, 열람결재 절차가 생략된 채 감사결과보고서가 수정되어 일반에 공개되었다고 주장했다. 또한 다른 감사위원들도 사무처가 수정한 내용을 열람하지 못한 상태라고도 했다. 쉽게 말하면, 권한 없는 감사원 사무처가 수정한 감사결과보고서가 정작 작성 권한자인 감사위원들을 건너뛰고, 어떻게 수정되었는지 확인도 못한 채 최종 감사결과보고서라며 일반에 공개되었다는 이야기였다.

헌법기관인 감사원에서 일어난 일이라고는 도저히 믿을 수 없는 헌정질서 문란 법치주의 유린행위였다. '있을 수 없는 사상 초유의 위법 행위'라며 국회와 언론의 질타가 이어지자 감사원 사무처는 주심 위원 등이 열람하였고, 감사원 내부 심의실장이 검토하고 사무총장이 결재하는 등 정당한 절차를 거쳤다고 주장하였다. 감사위원들이 최종심의 의결한 감사결과보고서에 대해 이후 사무처가 형식적으로 처리하는 절차를 두고 사무처에게 감사결과보고서 최종작성 권한이 있다는 식으로 우기는 격이었다.

여기에 더해 감사원 사무처는 "감사결과보고서가 공개되기 전

날 밤 조은석 주심 감사위원이 마지막으로 수정 요구를 한 내용이
'도저히 반영할 수 없는 내용'이어서 그 내용을 기재하지 않았다."
고 주장했다. 마치 '판사의 판결문을 검사가 도저히 받아들일 수 없
어서 판결문에 그 내용을 뺐다.'라고 하는 황당한 주장이었다. 감사
원의 내부 공직기강이 무너질 대로 무너지고, 사무처가 감사위원보
다 더 위에 있다는 식의 그야말로 무소불위의 권한을 휘두르고 있
었다.

언론 보도에 따르면, 심지어 최종감사 결과를 논의하는 감사위
원회 회의석상에서조차 유병호 사무총장은 자신이 뜻한 대로 결과
가 논의되지 않을 때 감사위원회장에서 언성을 높이고 난동을 부
렸다고 할 정도였다. 이에 대한 추가 보도에 따르면 당시 회의에 참
석했던 감사위원들은 "의결 과정부터 유병호 사무총장의 방해가
도를 넘었다.", "위원들이 발언할 때 마음에 들지 않으면 유병호 사
무총장이 수시로 말을 자르고 끼어들거나 타박하고, 회의가 잠시
중단되자 고성을 지르며 밖으로 나가는 등 한마디로 안하무인이었
다."고 했다는 것이다.

나의 모든 비위 혐의에 대해 내려진 감사위원회의 '불문' 결정은
애초 목적이 권익위원장의 사퇴였던 사람들에게는 당연히 받아들
이기 싫은 결과였을 것이다. 그러나 나로서는 힘들었던 시간을 견뎌
내며 끝내 얻게 된 찬란한 결말이자 사필귀정이 이루어진 통쾌한
승리였다. 하지만 감사결과 의결 과정과 결과 공개를 두고 감사원

내부에서 벌어진 일은 그동안 얼마나 많은 불법적인 과정이 있었는지 여실히 드러내고 있었다.

사필귀정은 반드시 인과응보와 맞물린다. 옳고 바른 일은 정의로운 결말을 얻지만, 역사적으로 보더라도 이치와 도리에 어긋나며 불의에 앞장섰던 자들에겐 응당한 대가가 따르지 않았던가. 감사원 사무처의 감사위원들을 건너뛴 불법적 감사결과보고서 전산 조작 혐의와 관련하여 민주당에서는 공식적으로 공수처에 관련자들을 모두 전산 조작과 공문서 위조 등의 혐의로 고발 조치하였다. 사필귀정은 사람을 가리지 않는 가장 공정한 세상의 이치이다.


## 신적벽대전, 십만 개의 불화살을 되쏘다

윤석열 정권이 들어서고 권익위원장의 남은 임기 1년 동안 무도한 탄압에 시달렸다. 온갖 모략에도 흔들리지 않고 꿋꿋이 버티는 동안 나의 건강은 점점 나빠졌다. 대통령이 신호탄을 쏘아 올리자마자 온 나라의 권력 실세들이 나를 사퇴시키기 위한 총공세를 펼쳤다. 정신을 차릴 수 없을 정도로 퍼붓는 검찰독재 정권의 공세에 혼자서 맞서 싸운다는 것은 그야말로 피 말리는 공포였다.

언제 압수수색을 하겠다고 불쑥 집으로 들이닥칠지 알 수 없었다. 언제쯤 저들이 나에게 구속영장을 발부할까 초조한 마음으로 하루하루를 보내야 했다. 혹시 도청과 미행을 당하지는 않을까? 뒤에서 누군가가 몽둥이로 내려치지는 않을까? 불안한 마음에 별별 생각이 다 들었다. 매일매일 머리칼이 쭈뼛쭈뼛 곤두서는 듯한 극도의 긴장감과 두려움에 공황장애까지 생겼었다. 절대 빠져나올 수 없는 늪에 빠져 허우적거리다가 잠에서 깨어나는 날이 다반사였다. 제대로 잠도 못 자고 식사도 할 수 없을 지경이 되어 체중이 나날이 줄었다. 탈모 증상으로 한 움큼씩 빠지는 머리칼을 보면서 '이대로 죽을 수도 있겠다.'는 생각이 들 정도였다. 급기야 극한의 스트레스로 입이 돌아가는 구안와사 증상까지 생겼었다.

평소 겁도 많고 울음도 많아 어릴 때부터 별명이 울보였던 나였다. 당시 정말 매일매일 공포에 싸여 울고 싶었다. 누군가에게 이 억울함을 토로하고, 함께 대책을 의논하고 싶었다. 하지만 정권 초기의 무시무시한 권력과 맞서 싸우고 있는 나를 도와 줄 수 있는 사람은 거의 없었다. 철저히 고립무원이었다. 나 홀로 치르는 이 전투에서 이기기 위해서 지푸라기라도 잡아야 했다. 다시 책을 손에 잡았는데, 마침 나관중의 『삼국지』였다. 읽어갈수록 절체절명의 위기를 지혜와 용기로 이겨낸 많은 사례를 접할 수 있었다.

그중 나의 시선이 꽂힌 대목이 바로 '적벽대전'이었다! 중국 후한(後漢) 말기에 조조(曹操)가 손권(孫權)과 유비(劉備)의 연합군과 싸웠던 전투. 조조의 대군은 장강을 따라 동쪽으로 이동하였고 적벽에서 손권·유비 연합군과 대치하게 되었다. 당시 승승장구하면서 중원을 제패했던 조조의 백만대군은 손권과 유비 연합군의 화공(火攻) 계략에 넘어가 크게 패하고 화북으로 후퇴했다. 조조의 백만대군과 맞서 절체절명의 위기에 몰렸던 유비, 손권의 연합군이 역공을 펼쳐 승리를 하는 대목은 당시 나에게 엄청난 용기를 불어넣었다. 아무리 힘든 위기가 닥쳐도 적벽에서 조조의 백만대군에 맞서 싸워 이긴 연합군처럼 이겨 나갈 수 있으리라는 그 용기 말이다.

내친김에 OTT 서비스에서 〈적벽대전〉 두 편의 영화를 잇달아 보았다. 영화는 소설 속 적벽대전을 좀 더 흥미롭게 재구성하였다. 영화니까 비록 실제와는 다른 허구일 수도 있었지만, 연합군이 조조 대군에게 화공으로 역공하여 승리하는 장면이 더욱 드라마틱하였다.

영화에서는 조조의 백만대군을 마주하고 있는 연합군의 화살이 모자르자 제갈공명이 화살 십만 개를 마련하겠다고 장담한다. 그는 연합군의 배를 짚단으로 뒤덮고, 짚으로 만든 병정까지 태운 뒤 짙은 안개가 낀 장강에 이 배들을 띄운다. 안개에 싸여 사태를 분간할 수 없었던 조조 군은 배들이 다가오자 연합군의 공격으로 오인하여 짚단을 씌운 배에 쉴 새 없이 화살을 쏘아 날렸다. 배를 둘러싼 짚더미에 화살이 꽂혀 고슴도치처럼 되자 배를 물렸고, 포구로 돌아온 배에서 회수한 화살은 십만 개에 족히 이르렀다고 한다. 그리고 이 십만 개의 화살이 얼마 후 조조 군을 향한 불화살이 되어 날아갔고, 마침 불어오는 바람을 맞아 엄청난 화공으로 변하여 조조 군을 패퇴시킨다는 내용이었다.

1년 동안 윤석열 정권에서 받았던 무도한 탄압이 마치 조조의 백만대군이 쏘아 날린 십만 개의 화살처럼 느껴졌다. 그 십만 개의 화살을 온몸에 맞아 피투성이가 되었지만 나는 끝내 죽지 않았다. 무릎 꿇지도 않았다. 그리고 마침내 이겨 냈다. 이 싸움이 끝날 때까지 절대로 눈물 흘리지 않겠다고 다짐했다. 불의에 지지 않고 도망가지도 않겠다고 나 자신과 약속도 했다. 만약 중도에 사퇴하면 나의 안전은 보장되겠지만, 그것은 불의한 탄압에 굴복하여 비겁하게 도망치는 것이라고 생각했기 때문이다.

그리고 내 몸에 꽂힌 십만 개의 화살을 하나씩 뽑아 불화살로 만들어 저 무도한 이들을 향해 돌려주기로 했다. 겁 많고 울보였던 나는 그렇게 운명적으로 윤석열 정권에 의해 불의에 맞서는 강인한 투사가 되어 십만 개의 불화살을 쏘아 날릴 준비를 마쳤다.


## 법치주의와 민주주의를 위한 일이라면


"연극이 끝나고 난 뒤, 혼자서 객석에 남아 조명이 꺼진 무대를 본 적이 있나요."

긴 하루를 보내고 비로소 혼자가 된 시간, 책을 펼치려다 말고 접속한 SNS에서 누군가의 영상이 자동으로 재생되었다. 단발머리의 여배우가 베레모를 쓰고 노래를 부르는 아주 오래된 영화의 한 장면이었다.

어느새 나는 추억이라는 타임머신을 타고 그때 그 시절로 돌아갔다. 세상을 다 가진 것처럼 청춘과 열정을 불살랐던 나를 만난 시간…. 그러나 추억은 짧았고 현실은 연극이 끝난 무대처럼 공허함이 가득했다. 그렇게 또 과거를 떠나 현재의 세상을 돌아봤다. 우린 모두 저마다의 아름다운 시절을 살았는데, 오늘 현재의 삶은 참으로 전쟁과도 같구나 싶다. 이마저 세월이 지나면 또다시 추억으로 기억될 수 있을지는 모르겠다. 그나마 다행이라면, 나의 치열한 투쟁이 불의와 맞서 정의를 세우는 일이었으니 설령 고통스러웠어도 그럴 만한 가치는 있었다고 생각한다.

한바탕 세상을 뒤흔들었던 뜨거운 뉴스의 주인공이었던 나는 퇴임 이후 조용하고 평화로운 시간을 보내고 싶었다. 그러나 세상은 나를 그렇게 두지 않는 것 같다. 윤석열 정권의 불의하고도 무도한 탄압의 살아있는 증거였던 나는 이제 그들의 불의에 맞서 저항하고자 반격에 나섰다. 무너져 가는 대한민국의 법치주의와 민주주의를 지키기 위해 내가 해야 할 역할이 있다는 책임감 때문이다. 예기치 않게 나에게 펼쳐진 새로운 투사의 길을 걷기 시작했다.

내가 무도한 정권의 탄압에 맞서 임기를 끝까지 지켜 낸 것만으로 윤석열 정권에 맞서 싸워 최초로 이긴 전사라며 많은 국민들께서 환호로 맞아 주셨다. 가는 곳마다 거리 곳곳에서 사람들이 나를 보면 "힘이 난다.", "무도한 정권에서 우리도 당하지만 않고 승리할 수 있다는 희망이 보인다.", "승리를 부르는 전현희!"라며 힘내라고 응원해 주셨다. 그동안 살아오면서 경험해 보지 못한 많은 국민들의 뜨거운 응원이었다.

윤석열 정권과 맞섰던 나에 대한 응원이 뜨거운 것은 많은 국민이 윤석열 정권에 실망했다는 뜻이다. 또한 그만큼 국민의 삶이 힘들고 팍팍해졌다는 뜻이기도 하다. '윤석열 정권과 맞짱 떠서 이긴 승리와 희망의 전사 전현희'라는 별칭이 생겼다. 약간 어리둥절하기도 하고 쑥스럽기도 하다. 그동안 단 한 번도 나를 투사하고 생각한 적이 없었고, 나를 투사라고 불러 주는 사람들도 없었다. 국회의원 시절 합리적이고 온건한 정책전문가의 이미지로서 정치를 해 왔던 터였다.

물론 불의에 맞서는 정의감과 한 번 결단하면 끝장을 보는 것은 지금껏 내가 살아온 나만의 방식이었다. 거대 제약회사에 맞서 억울하게 에이즈에 감염된 혈우병 환아들과 가족들을 변론하여 십 년간의 다윗과 골리앗의 싸움에 비견되는 법정 투쟁에서 끝내 승소한 일이나, 무너지지 않는 철옹성 강남에 도전하여 24년 만에 승리한 민주당 최초의 국회의원이 된 나의 지난 과정은 결코 순탄한 길은 아니었다. 그리고 신구정권 교체 시기 국민권익위원장을 하면서 운명적으로 직면하게 된 불의한 권력과의 투쟁은 결코 불의에 무릎 꿇지 않는다는, 정의를 향한 나의 투사로서의 본능을 일깨워 주었다.

　공자는 국가를 통치할 때 가장 중요한 것이 백성으로부터 받는 신뢰라고 했다. 국민의 신뢰를 알 수 있는 지표가 대통령과 정당을 향한 지지율이다. 통상적으로 모든 역대 대통령들은 취임 직후에 가장 높은 지지율을 보인다. 계속 유지되거나 더 오른다면 대통령이나 국민이나 모두 행복하겠지만, 안타깝게도 집권이 계속되는 동안 서서히 하락하는 경우가 대부분이다. 국민의 기대와 희망을 한 몸에 받아 당선된 대통령이 더이상 기대할 수 없을 만큼 신뢰를 잃었다는 뜻으로 볼 수 있다.

　그런데 역대 대통령들의 지지율과 달리 윤석열 대통령의 지지율을 보면 정말 초라하기 짝이 없다. 취임 80일 만에 급락한 그의 지지율이 30% 선이 무너지면서 '취임+레임덕'이라는 뜻의 '취임덕'이라는 신조어가 만들어지기도 했다. 이렇게 떨어진 지지율은 국정운영과 아무런 상관이 없을까? 결코, 그렇지 않다. 국민을 위한 정책을 실현하기 위해 반드시 입법 과정을 거쳐야 하는데, 민심을 반영한 정당의 의석수에 따라 가부가 결정되기 때문이다. 국회의원을 선출하는 총선에서 각 정당의 후보들이 당선을 위해 노력하는 것이 이런 이유다.

　이제 또다시 총선을 앞두고 있다. 모든 정당과 후보들이 그렇겠지만, 대통령과 정부 여당은 특히 지금의 지지율을 걱정하며 국민의 신뢰를 되찾기 위해 고민이 깊을 것이다. 진심으로, 충언드린다.

무대에서 내려와 객석에 앉아 자신과 주변을 돌아보라. 눈앞의 정치적 이익을 떠나 오직 국민을 행복하고 이롭게 하는 정치를 실현하시라. 자신이 한 말처럼 '겨우 5년짜리 대통령'의 연극 무대가 영원할 것처럼 생각하다가 연극이 끝날 때, 관객이 모두 떠난 텅 빈 객석을 마주하는 건 결국 자신의 몫이지 않겠는가.

# 정의를 위한
# 새로운 전장으로 나서다

---

## 사라진 추석 선물과 초록색 민방위복

지인과 저녁 식사 후 귀가하는 지하철에서 낯익은 풍경을 만났다. 때마침 퇴근 시간이었는데, 비슷한 모양의 쇼핑백이 사람들의 손마다 들려 있었다. 겉에 적힌 제조회사 이름을 보니, 대부분 참치 통조림이나 스팸, 혹은 식용유 세트인 듯했다. 아마도 직장에서 받은 추석 선물인 모양이었다. 추석 때 가까운 사람들과 정성을 담아 주고받는 선물은 생각만으로도 기분을 훈훈하게 해 준다.

지난 2023년 9월 27일, 추석 선물과 관련하여 한 뉴스를 읽다 하마터면 웃음을 터뜨릴 뻔했다. 이준석 전 국민의힘 대표가 윤석열 대통령으로부터 추석 선물을 받지 못했다는 내용이었다. 심지어 그 기사에서 이준석 전 대표는 선물이 계속 안 오고 있다며, 한 5년 쯤 후 혹시 만날 기회가 있다면 대통령이 자신에게 "내가 한 거 아니다."라고 말해 주면 좋겠다고도 했다. 만약에 그런 기회가 생긴다면, 나도 그 옆에서 그 이야기를 함께 듣고 싶다. 권익위원장 재임 중에 나 역시 윤석열 대통령으로부터 선물을 받지 못했기 때문이다.

통상 명절이 되면 장관급 기관장들에게는 대통령이 보내는 선물이 도착한다. 주로 쌀이나 참기름 등 농수산 식품으로 구성된 것으로 대통령이 공직자들에게 그동안의 노고를 격려하고 감사하는 응원의 메시지를 동봉해서 보낸다. 그러나 윤석열 정권이 들어선 이후 나에게는 더 이상 대통령의 명절 선물이 오지 않았다. 그렇다고 오해는 마시라. 대통령의 선물을 못 받았다고 섭섭했던 것은 아니다. 단지 그들의 옹졸함이 너무도 안쓰러웠을 뿐이다.

추석 선물 외에도 비슷한 일이 또 있었다. 2022년 을지훈련 때였다. 장·차관급 고위공직자들이 모여 전시 대비 훈련을 하는 행사였기에 참석자들은 모두 민방위복을 입어야 했다. 그러나 나에게는 지난 정권 때 지급받은 노란색 민방위복밖에 없었다. 윤석열 정권이 들어선 후 행안부에서는 민방위복을 초록색으로 전면 교체하였다. 따라서 다른 참석자들은 행사 때마다 모두 초록색 민방위복을 착용하였다.

그런데 복장이 바뀌었는데도 불구하고 행안부에서는 내게 새로 바뀐 민방위복을 지급하지 않았다. 하지만 나는 기존의 노란색도 마음에 들고 멀쩡한 옷을 굳이 바꿀 필요가 있을까 싶어 굳이 새 민방위복을 요청하지 않았다. 권익위 민원 현장 행사에서도 주로 노란색 민방위복을 그대로 착용하였던 터라 초록색 민방위복을 별도로 찾지 않았던 것이다.

그러나 장·차관들이 모두 모이는 을지훈련 현장에서 나 혼자만 노란색 민방위복을 입을 수는 없는 노릇이었다. 하는 수 없이 권익위 직원에게 부탁하여 행안부에 초록색 민방위복을 지급해 달라고 요청했다. 그런데 행안부에 문의한 직원에게서 믿기 힘든 답변이 돌아왔다. 권익위원장의 초록색 민방위복 지급을 행안부에서 거절했다는 것이었다. 뭔가 담당자의 착오나 실수가 있었을 거라는 생각에 다시 한번 행안부에 요청하라고 부탁하였다. 두 번째 요청에도 행안부에서 지급을 거절했다는 보고가 돌아왔다. 그제야 알았다. 이것은 실수가 아니고 고의였다. 지난 문재인 정권에서 임명되어 사퇴하지 않고 임기를 지키고 있는 권익위원장을 윤석열 정권에서 조직적으로 왕따시키고 있었던 것이었다.

그들의 야비하고도 치졸한 행태에 분노가 치밀었다. '좋다, 나 혼자서 당당하게 모두가 초록색 민방위복을 입고 있는 자리에 노란색 옷을 입고 참석해야겠다.'고 결심했다. 그리 마음먹고 나서 이러한 정권의 무도하고도 비열한 처사를 기록하기 위해 행안부에 공식문서로 초록색 민방위복 지급을 요청하였다. 이미 노란색 옷을 입고 참석하기로 마음먹고 있는 터라 별다른 기대는 없었다. 하지만 역사의 증거를 남기려는 목적이었다.

그런데 나의 이러한 의도를 알아챘는지, 처음 전화로 요청했을 땐 두 번이나 지급을 거절했던 행안부가 공문을 보내자 바로 초록색 민방위복을 보내왔다. 정말 비겁하고 졸렬하다는 생각이 들었다. 자신들도 공식문서로서 현직 권익위원장에게 민방위복을 지급하지 않았다는 사실이 증거로 남게 될 경우 향후 미칠 파장을 우려했던 것이리라.

정권의 탄압 속에서 임기를 지키는 1년 동안 내가 겪은 세상은 이렇게 온통 부당함투성이였다. 사소하다면 사소하고, 유치하다면 유치한 일들이라 크게 개의치 않고 웃어넘겨 왔는데, 그래도 대한민국 정부에서 일어났던 일이라 무척 씁쓸하다.

화무십일홍 권불십년(花無十日紅 權不十年). 모르는 사람이 없는 이 흔한 말의 참뜻을 정작 당사자인 정치인들과 그 추종자들만 까맣게 모르는 것일까. 그도 아니면 너무 잘 알기에 어떻게든 권력이 있는 동안 모든 것을 좌지우지하려고 억지를 쓰는 것일까. 어느 것이든 그 길이 주권자인 국민을 배반하고 자신들을 벼랑 끝으로 몰아가는 일이라는 것을 하루빨리 깨닫길 바랄 뿐이다.

# 물은 위에서 아래로 흐르는 법!

"감사원장은 대통령에 의해 임명되지만 일단 임명된 후에는 직무상 대통령과 독립된 위치에서 감사원을 이끌어 가야 하며, 직무에 관해 어떠한 지시, 감독도 받지 않도록 돼 있다. 즉 직무에 관한 한 대통령의 지시, 감독을 받는 부하가 아니다."

1993년 2월, 15대 감사원장으로 취임하여 9개월 동안 재임했던 이회창 전 국무총리가 회고록에 남긴 말이다. 실제로 그는 살아있는 권력인 청와대 비서실의 적폐를 감사하고, 당시 정권 최대의 비리 사건이었던 '율곡사업(국군 전력증강사업)'에 대한 감사에 전격적으로 착수하였다. 그리고 이름만으로도 국민을 떨게 했던 당시 국가안전기획부가 주도했던 '평화의 댐 건설' 사업이 대국민 사기극이었다는 사실도 밝혀내었다.

서슬이 퍼렇게 살아있는 권력에 대한 감사가 강력한 저항에 직면하자 감사원 직원들이 갈팡질팡하며 망설였다. "그대로 밀고 들어가라!" 그때 이회창 제15대 감사원장이 나서며 다시 강하게 밀어붙였다.

결국 평화의 댐 건설이 전두환 대통령과 안기부가 합작한 대국민 기만 사건으로 밝혀졌다. 이들은 북한이 서울올림픽을 방해하기 위해 담수량 200억 톤 규모의 금강산댐을 건설하고, 이를 쏟아부어

서울을 물바다로 만들면 여의도 63빌딩이 절반 가까이 잠긴다고 과장하기도 했다. 이 정도 피해면 국회의사당은 아예 지붕까지 잠길 것이었다.

불안감을 느낀 국민이 애국심에 불타올라 성금을 보태기에 열을 올렸다. 어린 학생들마저도 돼지저금통을 들고나오기도 했다. 율곡사업은 국군의 전력을 강화할 목적으로 집행된 예산만 15조 원이다. 그런데 주고받은 커미션이 무려 3~5퍼센트, 많게는 10퍼센트인 것으로 밝혀졌다. 감사 후, 국방부 장관, 청와대 외교안보수석, 해군 참모총장, 공군참모총장 등 공익을 빌미로 사익을 취한 사람들과 이들에게 뇌물을 공여한 사람들 모두 형사처벌을 받았다.

만약 당시 이회장 감사원이 정권의 눈치를 보며 망설이고 비리 의혹을 덮었다면 어땠을까? 비리를 덮기는커녕 정권을 지원한다는 평계로 불법행위를 적극 지원했다면 어땠을까? 그러나 원칙을 지키고 정권과 타협하지 않았던 이회창 감사원은 헌법이 정하는 감사원의 독립성을 지켜 냈고, 국민의 환호와 응원을 받았다.

시대도 바뀌고 대통령도 바뀌었다. 현재 최재해 감사원장은 국회에서 감사원은 '대통령의 국정운영을 지원하는 기관'이라고 말해서 세상을 놀라게 했다. 어렵게 되찾은 감사원의 독립성을 송두리째 내팽개치는 발언이었다. 굳이 감사원이 누군가를 지원해야 한다고 밝힌다면, 국민의 편에서 '국민을 지원하는 기관'이라고 해야 옳다. 대통령 한 사람이 바뀌었는데, 덩달아 감사원의 정체성까지 바꿔 버리는 감사원장을 국민이 이해할 수 있을지 의문이다.

"전하, 이러시면 아니 되옵니다."

지금의 대통령과 달리, 막강한 권력을 쥐고 있던 조선 시대의 임금도 자신의 잘못을 꾸짖는 삼사(사헌부·사간원·홍문관)의 신하들이 외치는 이 소리에 꼼짝하지 못했다.

지금도 대통령 선거가 돌아오면, 여야를 막론하고 국민을 섬기고 소통하며 여야 가리지 않고 통합과 협치를 이루겠다며 소리 높여 외친다. 국민 그리고 야당과 소통하지 않는 대통령이 옳지 않다는 사실을 모르는 사람은 없을 것이다. 하지만 후보 시절의 약속조차 나 몰라라 한 채, 정작 당선 1년 반이 지날 때까지 아직 한 번도 야당 대표와 마주하지 않는 윤석열 대통령 곁에는 충심으로 직언하는 참모가 없는 듯하여 안타깝다.

물은 반드시 위에서 아래로 흐른다. 명절 선물을 보낼 사람과 보내지 않을 사람, 새 민방위복을 줄 사람과 주지 않을 사람을 설마 대통령이 직접 지시하고 챙기지는 않을 것이다. 그러나 소통과 통합, 협치라는 약속을 지키지 않는 대통령의 뜻을 아랫사람이라고 모를 리 있겠는가. 아랫사람이 자발적으로 한 행위라고 해서 윗사람에게 면죄부가 주어지는 것은 아니다. 마찬가지로 대통령의 뜻을 살펴 한 일에 대해 대통령이 책임을 면할 수는 없다.

# 권력의, 권력에 의한, 권력을 위한 정부를 넘어서

"국민권익위원회는 다른 정부기관처럼 권력을 행사하기 위한 부처가 아니라 역할 자체가 '국민의 편'에서 권력을 감시하고 견제하며 권력의 일방통행을 방지하기 위한 목적의 기관입니다."

퇴임식 날, 나는 권익위 직원들 앞에서 '국민권익위는 국민의 편…'이라고 힘주어 말했다. 내가 권익위원장으로 재임 중일 때도 흔들리지 않고 오직 국민의 편에서 본분을 다했던 직원들이었다. 그런데도 떠나면서 권력의 눈치를 보거나 망설이지 말고 오직 국민 편에서 일하라고 강조하는 내 마음이 편하지 않았다.

내가 떠난 뒤에도 지금까지와 같이 '국민들께 힘이 되는 든든한 국민 편'이 되어 줄 것을 당부하고, 항상 응원하겠다는 마음을 전하며 국민의 한 사람으로 돌아왔다. 권익위를 지켜야 하는 직원들에게 떠나는 순간까지 권익위의 독립성과 정치적 중립성을 강조하며 숙제를 안겨 준 것 같아 미안하기도 했다. 하지만 퇴임인사에서 밝혔듯이 권익위 직원들이 앞으로도 잘 해낼 것이라는 믿음을 갖고 싶었다.

퇴임 하루 전에 기자 간담회를 가졌다. 임기 중 특히 마지막 1년 동안 미운 정 고운 정이 든 기자들과 헤어지는 마당에 솔직한 이야기를 나누고 싶어서였다. 그 자리에서 한 기자가 윤석열 정권에서 임기를 마친 공직자의 한 사람으로서 윤석열 대통령에게 당부하는 마지막 한마디를 남겨 달라고 요청해 왔다.

잠깐 고민을 하다가 미국의 제16대 링컨 대통령이 게티스버그에서 했던 그 유명한 연설의 한 대목이 떠올랐다. "우리 정부는 국민의, 국민에 의한, 국민을 위한 정부입니다." 이는 미국 북부와 남부 사이의 대립을 해소하고 노예해방으로 미국 국민의 통합을 이룬 미국 역사상 가장 존경받는 대통령인 링컨이 현대 민주 정부가 가져야 할 가장 기본적인 자세를 천명한 것이었다.

나는 윤석열 정권이 지금처럼 "권력의, 권력에 의한, 권력을 위한 정부"가 되어서는 안 된다고 했다. 그렇다면 국민과 대한민국이 불행해질 것이기 때문이다. 민주주의의 기본인 "국민의, 국민에 의한, 국민을 위한 정부가 되기를 진심으로 바란다."는 답변을 남겼다.

혹자는 나에게 윤석열 정권에서 최초의 승리를 거둔 인물이라고 말한다. 전혀 기쁘지 않다. 불의한 전쟁에서 혼자 살아 돌아온 것 같아 오히려 안타깝고 서글프다. 마지막 임기 1년 동안 수세에 몰려 고전에 고전을 거듭했다. 이때의 상처는 퇴임 후에도 불현듯 되살아나는 트라우마로 남은 듯하다.

국민의 지지를 얻어 대통령에 당선된 윤석열 대통령이 가장 우선 해야 할 일은 국민의 진정한 목소리를 듣는 것이다. 그런데 그래야 할 시기에 엉뚱한 곳에 눈을 돌렸다. 마치 후한의 마지막 황제를 등에 업은 조조가 역적토벌의 기치를 들고 적벽으로 나아가 손권과 유비의 연합군과 전쟁을 벌이려던 것처럼, 충실히 맡은 바 책임을 다하고 있는 기관장을 몰아내기 위해 여당의 국회의원, 보수 언론 그리고 감사원까지 내세워 압박을 가했다. 그 살기등등한 기세에 밀려 지난 1년 동안 십만 개의 화살을 맞는 고통을 감내해야 했다. 여기까지가 이 정부가 벌인 전쟁의 1막이었다.

이제 내 차례다. 퇴임과 더불어 이미 시작된 2막에선 내게 쏟아진 화살을 불화살로 만들어 반드시 되돌려주려 한다. 그 사이 국민의 마음이 바뀌기 시작했다. 그 마음과 함께 서서 불의를 향해 십만 개의 불화살을 되쏠 예정이다. 그래서 정의가 승리한다는 것을 국민과 나로 인해 고생한 직원들에게 보여줄 것이다. 그리하여 불의에 굴복하지 않는 국민, 권력에 맹종하는 정치인이 없는 세상의 서막을 열고, 국민이 행복한 대한민국을 지켜보고 싶다.

이제 내 차례다. 퇴임과 더불어 이미 시작된 2막에선 내게 쏟아진 화살을 불화살로 만들어 반드시 되돌려주려 한다. 그 사이 국민의 마음이 바뀌기 시작했다. 그 마음과 함께 서서 불의를 향해 십만 개의 불화살을 되쏠 예정이다.

# 2부

## 국민 곁으로 한 걸음 더 가까이

# 문제적 국민권익위원장
# 전현희

하늘이 내린 자리, 국민의 편에 서는 일

투표율이 80%가 넘었던 2020년 21대 국회의원 선거에서 고배를 마셨다. 언제나 민주당의 '험지'라 불리는 곳. 잠시 숨을 고르며 앞으로의 행보를 진지하게 고민할 소중한 기회로 삼아야겠다 싶었다. 정말 일도 많고 탈도 많았던, 또 그만큼 보람도 컸던 지난날들을 되돌아보니 후회 없이 국민만을 바라보며 지냈구나 싶었다. 그렇게 두 달 가까이 복기에 시간을 보내던 어느 날, 청와대 인사수석실로부터 뜻밖의 전화를 받았다.

"국민권익위원회 위원장직을 맡아 주시겠습니까?"

문재인 대통령께서 이 자리에 왜 나를 부르셨을까. 낙선 이후 언론에서 종종 하마평에 오르내리긴 했지만, 조용히 쉬면서 앞으로의 일을 고민하려다, "국민을 위해 애써 달라."는 대통령의 깊은 뜻이라 믿고 조심스레 받아들였다. 솔직히 나는 임명 전까지는 '국민권익위원회'에 대해 정확히 알지는 못하고 있었다. 기관명이 가리키는 대로 '국민의 권익을 위해 일하는 곳'이겠거니 생각했다. 그러다 국민권익위원장으로서 일해야 한다니 갑자기 마음이 급해졌다. 정식 임명장을 받기 전에 앞으로 내가 일할 곳의 역할이 무엇인지, 어떤 방식으로 일을 처리해야 하는지 공부를 시작했다.

'국민권익위원회'는 2008년 2월에 출범한 국무총리 소속 합의제 행정기관이다. 기존의 '부패방지위원회'와 '국민고충처리위원회' 그리고 '중앙행정심판위원회' 등 세 기관을 하나로 병합하여 새로이 출범한 기관이었다. 생각보다 할 일의 폭이 넓고, 챙겨야 할 일도 많은 곳이었다. 게다가 모든 역할이 말 그대로 국민의 권익을 수호하는 일이었다. 이곳 국민권익위원회는 장관급 위원장 한 명과 차관급 부위원장 세 분 그리고 일곱 분의 상임위원과 여덟 분의 비상임위원으로 구성된 '전원위원회'가 핵심인 '위원회 조직'이었다.

국민의 고충민원 해결 주무부처인 국민권익위원회는 국민참여 포털 사이트인 '국민신문고'와 '110 정부민원통합콜센터'를 운영하고 있다. 국민신문고는 인터넷을 통해 국민들이 한 해 천만 건 이상의 민원을 제기하고 있으며, 110 정부민원통합콜센터는 전화상담을 통해 국민들의 민원에 대응하고 있다. 국민권익위원회의 주요 업무는 국민의 고충민원을 처리하고, 공직자의 부패를 방지하며, 국민의 권익을 위협하는 공무원의 위법 부당한 행정처분에 대한 행정심판을 담당한다.

다시 말해 국민의 권익을 지키기 위해 위법한 권력 집행을 기소하는 검사(부패방지위원회), 국민의 편에서 권익을 지키는 변호사(고충처리위원회), 권력과의 갈등에서 '국민의 권익을 우선하여' 판단하는 판사(중앙행정심판위원회)의 역할을 모두 해내는 중요한 기관이었다. 한마디로 국민의 민원 해결을 통해 사회적 갈등을 해소하고, 국민의 입장에서 국가의 권력 남용을 견제하고 방지하는 기관이다.

권익위의 역할을 정확히 파악하자 대통령께서 이 자리를 왜 내가 맡았으면 좋겠다고 하셨는지 조금 이해가 되었다. 20대 국회의원 시절인 지난 2018년, 나는 더불어민주당의 '택시·카풀 태스크포스(TF)' 위원장을 맡아 일명 '타다 갈등'을 봉합하고 대타협을 이끈 바 있다. 택시업계의 대규모 집회가 이어지고, 급기야 70대 택시 기사님이 스스로 몸에 불을 붙인 분신까지 일어날 만큼 갈등이 극에 달했었다. 당시 모빌리티 관련 IT 기술의 발전을 기존 사회가 따라잡지 못하는 상황에서 이해당사자 간의 극한 대립과 갈등이 이어지며 엄청난 사회적 파장을 일으킨 사건이었다.

나는 TF를 이끌면서 200여 차례 가까이 택시 기사님들의 집회 현장을 찾아다녔다. 물병 세례와 욕설을 들으면서도 포기하지 않고 택시 기사님들과 카풀업계 사이에서 서로의 입장을 듣고 이해관계를 조정하려고 동분서주했다. 그런 노력의 결과였을까, 마침내 사회적 대타협으로 상생안을 도출하여 이 갈등을 원만히 해결해 냈다. 택시·카풀업계 사회적 대타협 이후 문재인 대통령께서는 직접 전화를 주셔서 '수고했다'고 격려하시면서 관심을 보이셨는데, 아마 이때 나를 눈여겨보신 듯했다.

청와대에서 국민권익위원장 임명장을 주시면서 대통령께서는 "앞으로 대한민국의 사회적 갈등을 해결하는 데 큰 역할을 해 달라."고 말씀하셨다. 앞으로 국민권익위원장으로서 내가 해야 할 일의 중요성을 일깨우신 것이다. 임명장을 받아들며 이 말씀을 들을 때 무거운 책임감을 느꼈다.

치과의사로서 환자의 아픔을 치료했던 경험, 변호사로서 사회 곳곳에서 어려움에 처한 국민의 고충을 해결한 경험도 권익위원장을 위한 예습이었던 것 같았다. 특히 10년 동안이나 거대 제약회사의 치료제로 억울하게 에이즈에 걸린 혈우병 환아들을 대변하여 결국 승소했던 경험은 권익위원장 역할 수행에 좋은 밑거름이 될 수 있겠다는 생각이 들었다.

내가 가장 잘할 수 있는 일을 할 수 있겠구나. 천직, 하늘이 내린 나의 자리이자 내가 잘할 수 있는 자리라는 생각이 들었다. 국민의 아픔과 공감이 필요한 자리인 만큼 평소 나의 소명과도 잘 맞았다. 그동안 걸어온 나의 삶의 여정이 이 길을 걷기 위한 준비 과정이지 않았을까 하는 느낌도 받았다. 치과의사, 변호사, 국회의원이라는 경력을 종합한 자리가 바로 국민권익위원장이었으니까 말이다.

총선이 끝나자 문재인 대통령은 내게 이 자리를 맡겨도 될지 검증하고 계셨던 모양이다. 평소 문 대통령의 신중한 성격을 생각하면 분명 긴 시간 동안 숙고한 끝에 내린 결정이었을 것이다. 나의 소명도 소명이지만, 자리의 중요성을 생각하면서 그 어느 때보다도 책임감을 느꼈다. 최선을 다하자고 굳게 다짐하였다.

## 청렴과 고결함, 대통령의 의지

"정부 출범 4년 차를 맞이하여 기존의 성과를 바탕으로 새로운 도약을 준비해야 하는 중요한 시기에 위원장직을 맡게 되어 무한한 영광과 함께 막중한 책임감을 느낍니다. 무엇보다도 그동안 주어진 자리에서 묵묵히 부패 방지와 국민권익 증진을 위해 노력해 주신 위원회 가족 여러분께 깊이 감사드립니다. 아울러, 세심한 보살핌으로 위원회를 훌륭하게 이끌어 오신 박은정 전임 위원장님께도 깊은 경의를 표합니다. 저는 그동안 변호사로서, 그리고 국회의원으로서 사회적 갈등 해결 및 사회적 약자에 대한 권익 보호 등 다양한 사회 현안들에 관심을 가지고 활동해 왔습니다. 이러한 저의 경험을 살려 국민권익 보호, 청렴한 사회 구현이라는 우리 위원회의 사명을 완수하기 위해 위원장으로서 최선의 노력을 다하겠습니다."

2020년 6월 29일, 정부세종청사 국민권익위원회 대강당에서 취임식이 열렸다. 벅찬 가슴을 진정시키려 평소보다 천천히 준비한 취임사를 읽어 내려갔다. 그러면서 새로 오는 위원장을 바라보는 직원들의 눈빛을 찬찬히 둘러보았다. 저 또랑또랑한 눈빛을 가진 이들이 대한민국 국민의 권익과 문재인 정부의 최우선 국정과제인 '청렴한 대한민국, 부패 없는 대한민국'을 함께 실현할 가족이자 동지들이었다. 국민권익위원회의 새로운 위원장으로서 굳은 의지를 담아 취임사를 읽는 동안 저들과 함께 국민의 편에서 국민의 권익을 위해 뛸 생각을 하니 가슴이 벅차올랐다.

임명식은 취임식이 지난 며칠 후에 있었다. 문재인 대통령으로부터 임명장을 받기 위해 단상으로 오를 때 나의 심장이 빠르게 두근거렸다. 마법의 주문처럼 '열심히 잘 해내자', '이제까지처럼 성실하게 이 직을 수행할 거야.' 하며 속으로 계속 되뇌었다. 이전의 어떤 자리를 맡을 때보다 나의 능력을 발휘할 수 있는 시험대에 오른 것처럼 떨리고 조심스러웠다. 하지만 '최선을 다해 열심히' 그리고 '지금까지처럼 성실히' 이 일을 잘 수행하겠다는 생각뿐이었다.

"택시·카풀 사회적 갈등을 해결했듯이, 국민권익위원장으로서 국민의 고충민원과 사회적 갈등을 해결하는 역할을 해 주시고, 반

"택시·카풀 사회적 갈등을 해결했듯이, 국민권익위원장으로서 국민의 고충민원과 사회적 갈등을 해결하는 역할을 해 주시고, 반부패 사회 구현을 위해 최선을 다해 주시길 바랍니다." (출처: 연합뉴스)

부패 사회 구현을 위해 최선을 다해 주시길 바랍니다."

임명장을 건네신 대통령은 따뜻하지만 강한 어조로 나에게 말씀하셨다. 권익위원장에 나를 낙점한 이유가 당부 말씀에 고스란히 녹아 있었다. 택시·카풀업계 갈등을 해결하고 대타협을 이끌었을 때도 직접 전화하셔서 '수고하셨다'고 하셨는데, 이제 더 나아가 '권익위원장으로서 국민의 다른 고충들도 해결하라.'는 당부로 새겼다. 어깨 위의 짊어진 책임감이 매우 무겁게 느껴졌다. 열심히 하는 것도 중요하지만, 잘하는 것이 더 중요하리라.

임명장 수여를 마친 후 꽃다발을 주셨다. 개인적으로 이 순간이 기억에 남는다. 이전 정부와 달리, 문재인 정부가 들어서며 확연히 달라진 장·차관급 임명식은 배우자뿐 아니라 부모님 혹은 자녀 등 가족과 함께 참석할 수 있어 화제가 되곤 했다. 남편을 여읜 나는 어머니와 함께 청와대 임명식장에 참석했다. 나는 임명장을 받았고, 어머니는 꽃다발을 받으셨다. 반부패의 청렴과 고결함을 상징하는 꽃말의 난초와 국화로 만들어진 꽃다발이었다. 여쭤 보지 않았지만, 그동안 딸을 훌륭하게 키워 주신 어머니께 더없이 멋진 선물이지 않았을까 싶다.

"청렴은 목민관(牧民官)의 본무(本務)요 모든 선(善)의 근원이요 덕(德)의 바탕이니 청렴하지 않고서는 능히 목민관이 될 수 없다."

다산 정약용은 말이다. 그는 백성을 다스리는 관리들이 지켜야 할 지침을 저술한 『목민심서(牧民心書)』에서 이렇게 '청렴이 목민관의 근본'이라고 밝혔다. 오늘날에도 많은 사람이 국가의 청렴도를 이야기할 때 자주 인용한다. 국민의 아픔을 달래고 해결하며 공직자의 근본 기강을 바로 세우는 반부패 '컨트롤타워'가 국민권익위원회이다. 세월이 흘러 시대만 바뀌었을 뿐, 권익위원회가 이제 대한민국 공직사회의 청렴을 지키며 국민과의 소통을 위해 '국민신문고'를 운영하고 있다. 나는 이렇게 막중한 임무를 해내야 할 대한민국 국민권익위원회의 7대 위원장이 되었다.

## 국민권익위원장으로서 나의 소임

공교롭게도 내가 취임하던 때는 전 세계적으로 코로나19가 맹위를 떨치던 팬데믹 상황이었다. 모두가 아는 것처럼 우리나라도 예외가 아니었다. 이러한 위기 상황에서 정부의 역할은 그 어느 때보다 중요하다. 또한 청렴한 공직자와 공정한 사회를 향한 국민의 열망 역시 그 어느 때보다 크기 마련이다.

나는 이런 위기의 시기가 바로 국민권익위원회가 제 역할을 제대로 해내야 하는 때라고 확신했다. 그런 까닭에 직원들에게도 국가의 위기 상황에서 기존의 관행에서 과감히 벗어날 것을 주문했다.

좀 더 적극적으로 국민의 권익을 챙겨야 한다는 의미였다. 특히 부패 방지와 권익 구제 업무를 사후가 아닌 한발 앞서 대응하려는 선행적 자세를 가져 달라고 함께 주문했다.

나는 달라진 시대의 흐름에 맞춰 권익위의 업무도 창의성과 전문성을 바탕으로 적극적으로 수행해야 한다고 보았다. 또한 일이 벌어진 후 국민의 고충을 듣고 해결하는 선에 머물지 말아야 한다고 보았다. 그래서 국민에게 고충이 생기지 않도록 사전에 법과 제도를 미리 개선하고, 그 효과가 미치도록 노력하고자 했다.

이를 위해, 권익위 직원들에게 그동안 추진하지 못한 업무나 국민권익과 청렴 사회 구현을 위해 필요한데 여건상 힘들었던 업무를 제안하도록 주문했다. 창의적 발상과 혁신적 사고로 기존의 틀과 규정을 깨기 위해 함께 고민하고 토론한다면 더 나은 정책을 수립하는 것이 가능하다고 보았기 때문이다.

자신의 역할을 정확히 알지 못한다면 어떻게 그 역할을 잘 수행할 수 있겠는가. 국민권익위원회 구성원 모두가 먼저 우리 기관이 한 해 천만 건 이상의 민원을 접수하고 처리하는 국민신문고 주무 부처이자 반부패 컨트롤타워라는 확실한 인식을 가져야 했다. 이런 모든 것은 기본적으로 소통이 전제되어야 한다고 생각했다.

그동안 국민권익위원회는 민원 조정과 해결, 민원데이터를 분석하는 역량을 쌓아 왔다. 이를 바탕으로 사회갈등과 집단 고충을 해결하는 데 정책역량을 집중하려면 관계기관들과 소통하는 것이 중요하다. 국민과의 소통은 말할 것도 없다. 결국 국민권익위원회의 업무는 국민의 다양한 민원을 듣고 소통하는 데서 출발하여 현장에서 국민의 눈물을 따뜻하게 닦아 주는 일이다.

하지만 권익위원장인 내가 '절대로 잊지 말아야지.' 하고 다짐했던 것이 있다. 국민의 행복을 바라는 나의 바람처럼 맡은 소임을 다하는 권익위의 직원들 또한 '국민'이라는 사실 말이다. 권익위원장에 취임하며, 나와 함께 할 권익위 가족들이 행복하길 진심으로 바랐다.

하지만 누구보다 일욕심이 많아 임기 중에 많은 일을 해내려는 위원장 탓에 고생스러웠을 것 같아 늘 미안했다. 더구나 임기 마지막 1년 동안 나를 향한 사퇴 압박과 표적감사로 애먼 직원들까지 고통을 받았다. 갚기 어려운 큰 빚을 진 셈이라 떠나온 지금도 그들만 생각하면 마음이 편치 않다.

"위원장님께서 일중독자처럼 일만 하셔서 저희도 힘들었어요." 퇴임식 날, 함께 했던 한 직원이 웃으며 남긴 한마디에 지금도 마음이 먹먹하다. 그래도 함께 일할 수 있어 행복한 시간이었다. 국민의 행복을 바라는, 한마음으로 일했던 직원들…. 아마도 취임 때의 내 마음이 전해져 더욱 열심히 일해 주었던 건 아닐까?

비록 나는 위원장의 임기를 마치고 떠나왔지만, 남아 있는 직원들은 국민의 권익을 보호하고 증진하려고 오늘도 열심히 일할 것이다. 나의 가족이자, 국민의 한 사람이었던 그들과 소통하며 활기찬 조직문화를 만들고 싶었는데, 많이 미안하고 송구하다. 너무 일만 하는 나 때문에 힘들었을 그들에게 다시 한번 고마운 마음을 전하고 싶다.

국민권익위원회는 한마디로 국민의 민원 해결을 통해 사회적 갈등을 해소하고, 국민의 입장에서 국가의 권력 남용을 견제하고 방지하는 반부패 '컨트롤타워'다. (출처: 연합뉴스)

# 국민의 목소리를 듣고
# 함께하는 일

## 민원 현장으로 달려가는 운동화

국민권익위원장으로 일했던 지난 3년은 내 인생에서 가장 바쁜 시기였는지도 모르겠다. 그러나 그 자리에 주어진 무거운 책임감을 생각하면 한가할 틈이 없었다. 고충민원을 호소하는 국민이 계신 곳이라면 그곳이 어디든 한달음에 달려가야 했다. 달려간 현장에서 오랫동안 고통받은 민원을 털어놓는 국민의 목소리에 송구한 마음으로 귀를 기울였다. 그토록 오랫동안 해결되지 않는 고충으로 얼마나 국가를 원망하고 속을 끓였을까. 그 생각을 하면 현장에서 처음 만난 민원인들의 싸늘한 눈빛이 헤아려지고도 남았다.

그래서 국민의 목소리를 듣는 일을 무엇보다 우선순위에 두었다. 문제를 해결하든 못하든 우선 들으려는 노력이라도 해야 그나마 '국가의 존재'를 실감하실 터이니 불원천리하고 달려가곤 했다. 하지만 어디든 그 민원의 현장에 한 번 다녀왔다고 문제가 해결되는 것은 아니다. 이해당사자의 목소리를 두루 들어야 하고, 해결 방안을 도출하기 위해 관련된 여러 기관과도 자주 만나 협의를 해 나가야 했다.

물론 모든 사안을 위원장이 직접 다니면서 해결할 수는 없다. 하지만 위원장이 직접 나서지 않으면 안 되는 일도 많았다. 현장을 뛰어다녀야 했기에 그전까지 신었던 하이힐도 벗어던지고 3년 동안 줄곧 운동화만 고집했다. 언제 어디로 가야 할지 모르기 때문이다. 또한 그 현장을 둘러보고 이해관계자들과 가능한 한 많이 만나려면 하이힐로는 어림도 없었다.

수차례에 걸쳐 현장을 찾아다니고, 관련 기관과 협조하여 문제를 해결하고 나면 그제야 민원인들이 따뜻한 시선으로 우리를 바라보기 시작한다. 그러면서 새삼 깨달았다. 진정한 정치는 국회의사당이나 정부청사 사무공간에서 이루어지는 것이 전부가 아니라는 것을. 현장에서 국민의 목소리를 직접 듣고, 그들과 함께 눈물 흘리고, 그들의 고충을 해결할 방안을 만들고, 국민이 함박웃음을 터트리며 행복해할 때 그 자리에 함께하는 것이 진정한 정치라는 것을.

'국민신문고'와 '110 정부민원통합콜센터'를 통해서 들어오는 고충민원은 헤아릴 수 없이 많다. 그 가운데는 비교적 쉽게 해결할 수 있는 것도 있고, 현장으로 직접 찾아가서 민원인의 고충을 듣고 조사해야 할 것도 있다. 물론 끝끝내 해결책을 찾지 못하는 민원도 있다. 하지만 어떤 것이든 국민권익위원회에 접수된 민원은 끝까지 해결하겠다는 자세로 임했고, 모두가 노력하여 마침내 오랜 숙원을 해결한 기쁨을 민원인들과 함께 누릴 기회도 있었다. 그 가운데 몇 가지는 내게 오래오래 뿌듯한 기억으로 남을 것이다.

## 70년 만에 지킨 국가의 약속

국민권익위원장에 취임한 후 고충민원을 듣기 위해 제일 먼저 달려간 현장은 바로 '펀치볼' 마을이다. 펀지볼 마을은 바로 강원도 양구군 해안면 일대를 가리킨다. 한국전쟁을 취재하러 미국에서 날아온 종군 기자가 이 곳을 보고 '화채 그릇(Punchbowl)'을 떠올렸다고 한다. 그가 보기에는 산에 둘러싸여 가운데가 움푹 파인 모습이 마치 화채 그릇 같았다나. 그날 이후, 이곳은 '펀치볼'이라는 별칭이 생겼다. 31번 국도를 따라 해안면으로 가면, 터널을 지나자마자 만나게 되는 마을의 슬픈 전설 같은 이야기다.

험준한 산이 병풍처럼 에워싼 이곳은 해발 500미터의 분지이다. 이곳은 한국전쟁 당시 남과 북이 서로 유리한 고지를 점령하기 위해 일진일퇴를 거듭하며 흘린 군인들의 피로 물었던 곳이다. 어찌나 포격을 많이 했던지 그때 이 일대가 더 움푹 파였다는 이야기가 전해 올 정도로 치열한 전투의 현장이었다.

전쟁 전에는 북한의 땅이었지만, 한국전쟁 당시 땅 주인들이 전쟁을 피해 북으로 피란을 갔다가 휴전 후 되돌아올 수 없는 곳으로 바뀌었다. 그 결과 펀치볼 마을은 주인이 없는 '무주지(無主地)'가 되었다. 주인이 없이 버려진 이 땅을 두고 국가가 국민들에게 약속을 했다고 한다. 이곳에서 10년을 경작하면 소유권을 줄 테니 이주해 오라고. 이승만 대통령은 1956년에, 박정희 대통령은 1972년에 각각 한 차례씩 '재건촌'을 만들어 이주시켰고, 그 결과 총 260세대 1,394명이 정착했다고 한다.

각 세대에 5,000평씩 나누어 준 땅은 개간하기에 쉽지 않았다. 전쟁을 겪은 땅은 시시때때로 터지지 않은 포탄을 토해 내곤 했다. 누군가는 그 포탄에 손도 잃고 발도 잃었다. 이주할 때 군인들이 지어준 초가집에서 지친 몸을 쉬면서도 10년 후 내 땅이 될 그곳에 씨앗처럼 꿈을 심었다.

그러나 결국 국가는 약속을 지키지 않았다. 대통령 선거 때마다 후보자들이 반드시 해결하겠노라고 매번 약속했지만, 그때뿐이었다. 아무도 약속을 지키지 않았다. 그 세월이 무려 70년이다. 더러는 남한에 사는 실제 땅 주인이 나타나서, 또 더러는 통일 후 땅 주인이 나타나 나중에 소유권을 주장했을 때의 법적 문제도 걸림돌이

70년 동안 해결하지 못한 무주지의 문제점이 어디 한둘이었을까. 그동안의 고생과 국가에 대한 실망으로 힘들었을 주민들을 지켜보며 반드시 이 문제를 해결해 드리겠노라 마음속으로 다짐했다.

되었다. 게다가 군사 작전 지역이라는 특수성도 소유권 이전을 가로
막는 걸림돌이었다.

현장에서 펀치볼 마을을 돌아보며 민원을 제기한 어르신들의
한 맺힌 이야기를 듣는데 슬픈 우리 역사의 한 단면을 보는 듯하여
내내 가슴이 아팠다. 다섯 살 어린 나이에 가족과 함께 이주했다는
무주토지대책위원회 위원장님은 이제 고희가 지난 어르신이 되어
있었다. 그동안의 고생과 국가에 대한 실망으로 힘들었을 주민들
을 지켜보며 반드시 이 문제를 해결해 드리겠노라 마음속으로 다짐
했다.

70년 동안 해결하지 못한 무주지의 문제점이 어디 한둘이었을
까. 나는 곧 국민권익위원회의 고유 권한인 '조정권'을 발동하여 법
무부, 행정안전부, 기획재정부, 국토교통부, 국방부, 농림축산식품
부, 조달청 등 10개 가까이 되는 소관부처를 민원 해결에 참여시켰
다. 소관 중앙부처, 공공기관, 지자체 등을 중심으로 범정부 추진팀
을 구성하고 현장 방문 및 주민설명회를 10여 차례 이상 진행하기
도 했다. 한편 근거 법률을 제정하고 기금을 조성하여 만에 하나 통
일이 되었을 경우 북한에 있는 토지소유주들이 돌아왔을 때의 소
유권 행사에 미리 대비하는 대책도 마련하였다.

국민권익위원회가 전력을 다해 노력하고 관계기관들이 협조하
여 마침내 양구 펀치볼 마을의 70년 숙원을 해결할 수 있었다. 주민
들의 70년 숙원만 이루어진 것이 아니다. 무주지의 국유화에 따라

나라의 재산이 1조5,000억 원가량 늘어나는 효과도 덤으로 얻었다. 지금 돌아보면 펀치볼 마을의 문제를 해결한 일은 권익위원장으로 재임하면서 가장 기억에 남는 일 중 하나이다.

## 여기, 당신 곁에 국가가 있습니다

대한민국 헌법 제10조는 "모든 국민은 인간으로서의 존엄과 가치를 가지며, 행복을 추구할 권리를 가진다. 국가는 개인이 가지는 불가침의 기본적 인권을 확인하고 이를 보장할 의무를 진다."라고 명기하고 있다. 또한 제35조에서 "모든 국민은 건강하고 쾌적한 환경에서 생활할 권리를 가지며, 국가와 국민은 환경보전을 위하여 노력하여야 한다."라고 국가의 의무를 분명히 밝히고 있다.

하지만 법과 현실은 늘 차이가 나기 마련이다. 그래서 현실에서는 국가의 당연한 보호를 받지 못하는 이들이 있다. 오랜 사회적 편견과 차별을 견뎌야 했던 한센인은 그 대표적인 분들이다. 국민권익위원장으로 취임하여 여러 민원을 살피던 중 취임 3개월 전인 2020년 3월에 국민권익위원회에 한센인 분들이 거주하는 마을의 열악한 주거환경을 개선해 달라는 집단 민원이 제기된 건을 확인하게 되었다. 경주의 한센인 마을인 희망마을이 41년의 한을 풀어 달라는 내용이었다.

한센병은 예전부터 '천형병(天刑病)' 혹은 '업병(業病)'이라 불렸다. '하늘이 내린 벌'이라는 뜻이다. 속칭 '문둥병', '나병'이라 불리며 사회적으로 격리되고 차별을 받아 왔다. 수천수백 년 이상 세상은 이 병을 가진 사람들을 손가락질하며 멀리했고, 함께 어울려 살길 거부했다. 최소한의 인권을 인정받지 못하는 삶, 질병으로 인한 고통보다 세상으로부터 배척되고 소외되는 외로움이 차라리 천형에 가까웠던 것이 바로 한센병이다.

이 병의 실체가 밝혀진 것은 1871년 노르웨이의 한 의사 덕분이다. 그의 이름이 '게르하르트 헨리크 아우메우에르 한센(Gerhard Henrik Armauer Hansen, 1841~1912)'이었는데, 그때부터 이 병은 '한센병'이라 불리게 됐다. 적어도 병명에서 오는 인격 모독은 조금이나마 해소됐지만, 그렇다고 삶이 나아지진 않았다. 아마도 한센병이 가진 고질적 증상인 안면, 손, 발, 피부 등의 변형이 다른 사람들에게 두려움과 혐오감을 주기 때문일 것이라고 조심스럽게 생각해 본다.

하지만 한센병은 '신의 저주'라고 불릴 만큼 무서운 질병이 아니다. 지금까지 밝혀진 바에 따르면, 만성 감염병이지만 감염되어도 한센병이 될 확률이 결핵에 비해 낮다. 특별히 나균에 대한 면역 기능이 약한 경우에만 발병한다. 또한 환자와의 접촉으로 쉽게 감염되는 병이 아니며, 치료를 받지 않아 증상이 심해진 환자와 매우 긴밀하게 접촉했을 때만 전염된다. 또한 유전으로 자녀에게 대물림되지 않는다. 당연히 완치가 가능한 질병이다.

병의 실체를 몰랐을 때는 불치의 병이었지만, 치료를 게을리하지 않는 한 100% 완치할 수 있다. 단 1회의 투약만으로도 체내의 균이 전염력을 상실하므로 일반인과 함께 사는 것도 문제가 없다. 감염되어도 대부분 자연 치유율이 높아서 가볍게 지나가지만, 혹시라도 한센병으로 발전하더라도 완치될 때까지 국가에서 치료비를 전액 지원하고 있다.

내가 이렇게 지면을 통해서나마 한센병에 대해 조금이라도 더 설명하려는 이유는 현재 대한민국에서 국민으로 살아가는 이분들의 삶이 외부의 불편한 시선에서 얼마나 억울하게 소외되고 불행했는지 말하고 싶어서다. 나는 '희망마을' 한센인들의 집단 민원을 확인한 후 그들이 제기한 숙제 역시 반드시 해결해야겠다고 마음먹었다.

'희망마을(희망농원)'은 경주고속터미널에서도 40여 분 걸리는 경상북도 경주의 한 시골 마을에 위치해 있었다. 희망마을을 처음 찾았을 때, 현장에 가까워졌다는 걸 눈보다 코가 먼저 알아차렸다. 코를 찌르는 지독한 악취를 견딘 후에는 무너지기 일보 직전의 낡은 주택들과 닭과 돼지가 사라진 빈 폐사들이 함께 뒤엉켜 있는 참혹한 모습이 눈에 들어왔다. 오늘의 대한민국에 이런 곳이 아직 남아 있다니…. 믿을 수 없는 광경이었다. 게다가 1급 발암물질이라 지금은 법으로 사용이 금지된 석면 슬레이트를 지붕에 얹고 있었다.

닭을 비롯한 동물들과 사람의 배설물이 정화되지 않은 채 마을의 저수지로 흘러 들어 항상 지독한 악취를 풍긴다고 했다. 비가 많이 오면 범람하여 이웃한 형산강까지 그대로 오염 폐수가 흘러든다고 했다. 길가에는 아무렇게나 자란 풀들이 국가가 돌보지 않은 버려진 그들의 삶처럼 어지러이 자라고 있었다. 한 걸음 한 걸음 옮길 때마다 눈물이 흘렀고 가슴이 아려 왔다.

이들의 역사는 1961년으로 거슬러 올라간다고 했다. 국가가 나서서 '한센관리사업'의 일환으로 전국의 한센인들을 강제 이주시켰던 게 시작이었다. 자활을 돕는다는 목적으로 가구당 주택 1동과 계사 1동을 신축하여 배정했으나, 마치 포로수용소를 방불케 하는 무허가 건물이었다. 이들이 처음 이주했던 곳은 지금의 경주 보문 관광단지 자리였다. 얼마 뒤 그곳이 관광지로 지정되어 개발이 시작되자 한센인들은 다시금 강제로 현재의 희망마을 자리로 옮겨 왔다고 한다. 그렇게 흐른 세월이 내가 방문했던 2020년까지 41년이다.

코를 찌르는 악취는 주택과 인접한 양계장과 돈사가 주원인이다. 하지만 정화조와 하수관로가 낡은 탓이기도 했다. 축산 폐수는 인근의 포항시와 경주시의 취수원인 형산강으로 방류되고 있어 그곳 주민들의 집단 민원을 부르기도 했다.

"그동안 여러 기관에 여러 차례 민원을 제기해 왔고, 경상북도지사, 경주시장, 국회의원 선거 때마다 공약으로 희망마을의 민원 해결이 제시됐지만 여태 방치되고 말았습니다."

참다못한 희망마을 주민들은 '41년의 한을 풀어 달라.'며 국민
권익위원회에 집단 민원을 제기하게 된 것이다. 현장을 찾아 직접
그들의 고충을 듣고부터 우리 권익위는 발 빠르게 움직이기 시작
했다.

먼저 한센인 정착촌 형성 과정과 관련한 문서를 찾아내어 책임
소재부터 확인했다. 관계부처와 협의를 이어 가며, 희망마을이 있
는 경주시와 인근의 포항시, 경상북도와도 실무협의와 현장조사를
함께 실시하기도 했다. 그리고 나는 그해 10월 28일, 희망마을을 직
접 방문하여 구석구석 둘러보고 그동안 한 맺힌 주민들의 억울한
사연을 청취했다. 이어진 경주시청에서의 현장조정회의에서 드디어
희망마을의 주거환경을 개선할 최종 해결 방안을 관계기관들과의
조정으로 이끌어 낼 수 있었다. 희망마을 한센인들의 41년 숙원이
해결되고 이제야 비로소 희망의 빛을 쏘아 올렸다는 점에서 가슴이
벅차올랐다.

"이제 나라가 있었구나, 정부가 있었구나…. 평생 처음으로 실감
합니다. 위원장님 감사합니다."

희망마을 주민께서 울면서 하는 감사 인사에 하마터면 나도 그

셴인 정착마을 환경 및 복지 개선』지방자치

주 관 : 국민권익위원회    일 시 : 2021. 11. 2.(화) 14:00~16:00    장 소 : 정부세종청사 6동

가장 낮고 가장 어두운 곳. 이들의 곁에 국가가 함께해야 한다. 정치의 역할이 이것이고, 정치인의 있어야 할 곳이 바로 이들 곁이다.

만 눈물을 보일 뻔했다. 국민의 눈물을 닦아 주고 민원을 해결하는 주무부처인 국민권익위원회였기에 해결할 수 있었던 일이었다. 평생 국가와 사회로부터 소외되었던 그분들의 곁에 이제 나라가 함께한다는 위안을 드렸다는 점에서 나 역시 형언할 수 없는 감동이 밀려왔다.

희망마을에 이름처럼 희망을 심고 돌아온 날, 나는 이런 곳이 경주 이외에도 있을지도 모르겠다는 생각이 들었다. 그래서 직원들에게 "경주 희망마을 외에 대한민국에 이런 곳이 또 있는지 확인해 주십시오!" 하고 확인해 줄 것을 요구했다. 역시나 내 예감은 틀리지 않았다. 전국을 대상으로 실사하여 상황을 파악하고 돌아온 직원은 현재 대한민국에 한센인 집단주거지가 82곳이나 있다고 했다. 대부분 경주 희망마을처럼 주거환경이 열악했다는 보고였다.

2021년 4월, 이들 한센인 마을 82곳의 석면건축물 방치 현황 등 생활환경과 주민복지 실태를 파악하고 개선책을 마련하기로 결정했다. 좀 더 생생한 현실을 파악하기 위해 한국한센총연합회와 이들은 지원하고 있는 시민단체들을 한자리에 초청하여 "한센인 주거환경 실태 파악과 개선을 위한 간담회"도 개최했다. 입법이 필요하면 법안을 추진하고 청와대와 환경부, 농림부 등 관계부처 장관들과의 관련 대책 협의에 나섰다. 전국 66개 지방자치단체, 한국한센총연합회 등 관련 단체가 한마음 한뜻으로 도움을 주셨다. 마침내 전국의 열악한 한센인 마을의 주거환경 개선을 위한 범정부 대책이 수

립되어 추진되기 시작했다.

이때의 일을 돌아볼 때마다 대한민국 헌법을 떠올리게 된다. 그렇다. 대한민국의 주인은 국민이다. 국민이 살아가는 모든 곳이 대한민국이고, 누구도 소외되지 않고 행복해질 기회를 열어 주는 것이 국가의 역할이다. 같은 땅 같은 하늘 아래에서 쫓겨나듯 세상과 멀어졌던 한센인 마을은 가장 낮고 가장 어두운 곳이었다. 권익위원장의 역할이 바로 이것이고, 국민권익위원회가 있어야 할 곳이 바로 이들의 곁이라는 사실을 깨달았다. 나아가 정치의 역할이 바로 이것이고, 정치인의 있어야 할 곳이 바로 이들 곁이라는 사실을 새삼 깨닫게 된 소중한 경험이었다.

## 국가를 위해 헌신한 이들의 죽음을 기억하며

국민권익위원회는 이렇듯 국가의 역할, 국가가 있어야 할 자리를 국민에게 확인시키는 역할을 해 왔다. 권익위원장으로서 왜 국가가 존재하는지 그 의미를 확인시킨 사례 한 가지를 더 말씀드리고자 한다. 그것이 곧 정치가 필요한 이유이기 때문이다.

우리나라에는 가족에게 정확한 사망 사유조차 알리지 못한 전사·순직 군인들이 2,048명이나 있었다. 잘 알다시피 군 복무 중 사망한 군인은 그 원인이 공무와 관련되면 '전사' 또는 '순직'으로 처리된다. 하지만 단순 사망이면 '병사' 또는 '변사'로 처리된다. 그런데 문제는 과거 한국전쟁에서 사망한 군인들의 사망 구분에 대한 심의가 제대로 이루어지지 않았다는 점이다. 이 때문에 전투나 공무 중 사망했어도 단순 병사 또는 변사 처리된 경우가 많았다.

육군은 1995년부터 1997년까지 이러한 '병·변사자 순직 재심의'를 실시해 9,756명을 전사 또는 순직으로 처리했다. 하지만 25년이 넘도록 유가족에게 재심의 결과를 통지하지 못한 사례가 2,048건이나 남아 있었다. 특히 1996년에 순직 결정을 받은 고 정 ○○ 상병의 가족은 2007년이 되도록 육군의 통보를 받지 못했다. 뒤늦게나마 소식이 전해졌지만, 이미 그의 어머니가 사망한 지 넉 달이 지난 후였다.

육군은 정 상병 가족의 주소 불명확, 행정구역 변경 등으로 통보하는 데에 관계기관과의 협조가 필요한데 어려움이 많아 통보하지 못한 경우가 있다고 했다. 그러나 권익위에 해당 가족들의 민원이 접수되어 확인한 결과, 정 상병의 군 복무 기록에는 정확한 주소가 기재되어 있었다. 그리고 그의 어머니는 2006년 사망 당시까지 같은 주소지에서 평생을 거주하면서 아들의 소식을 기다리다가 돌아가신 것을 확인할 수 있었다.

모든 국민의 안타까운 죽음은 국민을 보호하고 행복하게 해야 할 국가에 책임이 있다. 최근까지도 불의의 사고로 목숨을 잃는 국민이 많았지만, 결과적으로 아무런 책임자를 찾을 수 없는 국가의

국민의 안타까운 죽음은 국민을 보호하고 행복하게 해야 할 국가에 책임이 있다.

부재로 인해 국민과 유가족이 분노했던 일이 얼마나 많았던가. 더구나 국가의 위기에 생명을 바친 우리의 젊은 청춘들의 호국이 확인되었는데도 국가의 보훈을 받지 못한 세월이 25년이나 지나고 있다니 믿기 힘든 일이었다.

한 건의 민원을 해결한 후 더욱 근본적인 대책을 세울 필요가 있다고 생각했다. 나는 국방부 장관과 국가보훈처장을 만나 이 문제를 정부기관들이 힘을 합쳐 해결하는 것이 필요하다고 설득했다. 다행히 두 장관님들도 흔쾌히 동의하여 함께 적극적으로 대책을 세우기로 했다. 국방부, 국가보훈처와 함께 업무협약식을 체결한 것을 시작으로 지방자치단체와 적극 행정 협조 체계도 구축했다. 그리고 국민권익위원회는 전사·순직 군인 2,048명의 유가족을 찾기 위해 국방부와 보훈처 등과 함께하는 합동특별조사단을 설치했다. 또한 전사·순직한 군인 2,048명의 명단 등 인적사항을 각 기관의 누리집에 공개하여 해당 군인이나 유가족을 알고 있는 사람의 제보를 받기 시작했다.

이러한 노력으로 2022년 4월에 전사·순직한 사실조차 알리지 못했던 전사, 순직 군인들 94명이 마침내 유가족을 확인하고 고향의 품으로 돌아갔다. 한국전쟁 이후 70년 만의 귀가였다. 신원이 확인된 전사 군인들의 위패를 유가족들과 함께 현충원에 봉안하고 묘소를 참배하는 내내 마음이 무거웠다. 아직도 가족을 찾지 못한 군인들이 너무 많이 남아 있기 때문이었다.

마지막 한 분까지 유가족들을 찾아 드려야 한다. 이들의 죽음이 헛되지 않았음을 미래 세대가 기억하며, 그 희생과 헌신에서 담대한 용기를 배워 나가는 계기가 되길 진심으로 바란다. 그랬을 때만 국가가 국민의 곁에 든든한 버팀목으로 지켜 주고 있음을 확인할 것이기 때문이다.

# 국민의 행복을 위해서는
# 못 할 일이 없다

### 국민의 권익 보호를 위한 제도 개선

주권은 국민에게 있으나, 대부분의 국민이 직접 주권을 행사하는 경우는 제한적이다. 선거를 통해 주권자의 권한을 위임하고, 위임받은 이들이 권력을 행사하기 때문이다. 국민권익위원회는 이렇게 위임된 권력이 국민의 이익을 침해하지 못하도록 국민의 편에 서는 기관이다. 앞에서도 밝혔지만, 국민의 권익을 지키기 위해 위법한 권력 집행을 기소하고, 국민의 편에서 권익을 지키며, 권력과의 갈등에서 국민의 권익을 우선하여 판단하는 역할을 한다는 뜻이다.

이 과정에서 국민이 겪는 고충을 듣고 해결하는 역할이 주어지는 것이다. 또한 그래서 국민의 권익이 또다시 침해받지 않도록 제도를 만들거나 보완하는 것 역시 권익위의 중요한 역할이다. 그러나 제도 역시 사람이 만드는 것이다 보니 완벽하지 않다. 만들어진 제도가 적용되면서 발견되는 허점이 있다면 그것을 보완하고, 적용 범위를 확장하거나 제한하는 것 역시 필요한 조치이다.

권익위가 국민의 권익을 보호하는 과정에서 이러한 제도의 합리적 적용과 보완을 통해 이루어 낸 성과 역시 많이 있다. 국민건강보험의 적용 범위의 확대, 주택의 중개보수 및 중개서비스 개선, 주민등록 열람 제한 등 기존의 제도를 보완하여 그동안의 국민이 감당해야 했던 불이익을 해소한 사례들을 소개하겠다.

이런 역할을 해냄으로써 국민의 권익이 조금 더 향상될 수 있었다. 개인적으로 윤석열 정권의 탄압을 받아 고통스러웠던 1년간을 버티게 해 준 힘은 바로 이러한 보람이었다고 믿는다.

## 혈우병 소아 환자 '헴리브라 피하주사' 건보 적용

"혈관이 약한 아기가 혈관주사를 맞아야 하는 고통을 받지 않도록, 통증이 적은 근육주사로 치료를 받을 수 있는 헴리브라 피하주사를 건강보험의 적용을 받을 수 있도록 보험 기준을 개선해 주세요."

2021년 4월, 9명의 혈우병 환아 부모님들이 권익위에 민원을 제기했다. 혈우병 환자들의 고충은 변호사 시절 "혈우병 치료제를 투여한 환아들이 에이즈에 집단 감염된 사건의 소송"을 맡았기 때문에 누구보다 더 잘 알고 있었다. 이 사건은 10년 동안 재판을 거듭한 끝에 최종 합의를 이끌어 내며 사실상 승소로 마무리됐다. 그런데 권익위원장이 된 후, 권익위에 민원을 제기하며 찾아온 엄마들의 호소를 들으며 또 다른 고통 속에 놓인 혈우병 환아들이 있다는 사실을 알게 되니 마음이 더 아팠다.

'헴리브라'는 피하주사제 형태로 되어 있어 근육에 주사를 놓을 수 있다. 그런 까닭에 기존에 일일이 아기의 혈관을 찾아 투약해야 하는 혈관주사보다 통증이 덜하고 방법이 간단하며 출혈 예방 효과가 뛰어나다. 그런데 당시 제도로는 헴리브라 피하주사 치료는 주 2회~3회, 최대 2~3년까지 장기간 정맥주사를 투여하는 '면역관용요법'을 선행해야만 건강보험을 적용받을 수 있었다.

다시 말해 기존에 만 12세 미만의 소아가 건강보험의 적용을 받아 헴리브라 피하주사 치료를 받기가 매우 어려웠다. 그 환아의 경우 면역관용요법이 실패했거나 시도할 수 없다는 사실이 투여소견서 등을 통해 입증되어야만 가능했기 때문이다. 이에 주치의는 환자의 혈관이 잘 잡히지 않는 경우에만 불가피하게 헴리브라 피하주

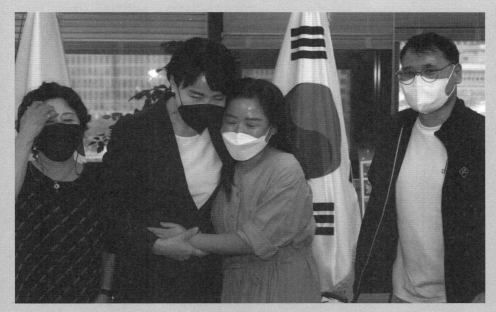

권익위의 제도 개선 권고로 헴리브라 피하주사가 건강보험이 적용되었다. 경제적 부담 없이 혈우병 환아들에게 효과적이고 안전한 치료를 할 수 있게 된 것이다. 정말 감동적인 순간이었다.

사를 처방했고, 건강보험심사평가원에 투여소견서를 제출하여 비용을 청구했다.

그러나 이런 경우도 심평원은 건강보험으로 치료비를 지원하는 것은 대부분 불가하다고 결정하였다. 그래서 의사들은 햄리브라를 처방하는 것을 꺼려 왔다. 심평원의 판단은 햄리브라 처방을 위한 객관적 자료가 불충분하다는 이유에서였다. 결국 소아 환자가 고통스러운 치료를 2~3년간 선행하거나, 가족들이 연간 9,000만 원 이상(환자 15㎏ 기준)이라는 엄청난 비용을 스스로 부담해야 했다.

환아에게 고통을 덜 주면서도 효과적으로 치료할 수 있는 치료제가 있었지만, 한 해 1억 원에 달하는 치료비를 평범한 사람들이 감당하기란 불가능했다. 그래서 환아의 가족들은 모두 '햄리브라 피하주사'의 건강보험 적용을 바랐다. 하지만 건강보험 재정과 제약회사의 이익 등이 맞물린 복잡한 이슈라 해결이 쉽지 않아 보였다. 나는 누구보다 이 사안의 심각성을 잘 알고 있던 터였다. 그래서 이들의 민원을 확인하자마자 서둘러 이 문제를 해결해야겠다고 결심했다.

권익위는 곧바로 선진국의 사례와 의학회의 의견을 비롯한 여러 전문가의 의견을 검토하는 작업에 들어갔다. 선진국 사례와 의학회의 소견에 따르면 햄리브라 피하주사의 건강보험 적용은 타당성이 있다는 결론을 얻었다. 이러한 근거자료를 가지고 권익위는 어린 환아들이 햄리브라 피하주사를 사용할 때 건강보험을 적용받을 수 있도록 보험 기준을 재검토할 것을 권고하였다.

이에 보건복지부와 건강보험심사평가원이 권익위의 권고를 적극적으로 수용하여 '요양급여의 적용기준 및 방법에 관한 세부 사항' 일부개정안을 입법 예고하였다. 그리고 마침내 2021년 9월 1일부터 시행하게 됐다. 권익위의 제도 개선 권고로 헴리브라 피하주사가 건강보험이 적용되어 부모들이 경제적 부담 없이 혈우병 환아들에게 효과적이고 안전한 치료를 할 수 있게 된 것이다. 권익위원장으로서 정말 큰 보람을 느끼는 감동적인 순간이었다.

"우리 아이는 혈우병으로 별다른 움직임 없이도 쉽게 멍이 생깁니다. 그래서 우리 아이는 그동안 태권도는 꿈도 꿀 수 없는 운동이었습니다. 그러던 우리 아이가 헴리브라 피하주사를 맞으면서 최근에 태권도를 배우기 시작했고 아이들과 어울려 뛰놀기 시작했습니다. 위원장님 정말 감사합니다."

"헴리브라 피하주사는 4주에 1번만 맞아도 돼 아이가 덜 고통스러워합니다. 그전에는 1주일에 2~3회 맞아야 했던 정맥주사 치료로 아파하던 아이의 모습을 보며 고통스럽게 견뎌 내야 했는데, 국민권익위원회의 도움으로 헴리브라 피하주사 치료를 받고 이제 아이가 주사 맞을 때 아파서 우는 모습을 보지 않게 되었습니다. 정말 고맙습니다."

"혈관이 약한 아이가 고통스러운 정맥주사 치료를 받으며 매번 울던 모습에 마음이 찢어졌습니다. 건강보험 기준을 바꿔 주셔서 참 고맙습니다. 앞으로 아이를 건강하게 키워 꼭 보답하겠습니다."

혈우병 환아 엄마들께서 권익위원장 앞으로 보내온 감사의 메시지들이다. 어머니들께서 보내 준 감사 편지를 읽으면서 나도 "참 다행이다." 생각하며 절로 눈시울이 붉어졌다.

누가 나에게 왜 권익위원장 자리를 지켰는지, 또 무엇이 가장 보람되었는지 묻는다면 이 메시지들을 보여주고 싶다. 대한민국 국민, 그들 중 누구 하나 소외되지 않고 행복해하는 모습이 나에게 큰 힘과 용기, 보람을 준다. 단순히 아픔을 나누는 것이 아니라, 행복을 전하겠다는 마음이 고난에서도 나를 일으켜 세운다.


## 주택 중개보수 반값 인하와 서비스 개선


전국적으로 부동산 광풍이 불면서 집값이 상승하자 권익위에는 뜻밖의 민원과 제안이 빗발쳤다. 주택 중개보수와 관련한 내용으로 2019에서 2020년 사이에만 국민신문고에 3,370건의 민원과 제안이 접수되었다. 그러면서 일명 '복비 갈등'으로 번지고 있었다. 조사 결과, 집값 상승과 맞물려 중개보수도 동반 상승하였다. 이로 인해 주택 중개 의뢰인의 경제적 부담이 커지는 것으로 나타났다.

또한 2001년 이후, 거래금액 구간이 9단계에서 5단계로 단순화되고, 법정 최고 요율이 매매의 경우 9억 원 이상 0.9%, 임대의 경우 3억 원 이상 0.8%로 적용되는 등 주택가격 변동에 연동되는 중개보수 산정방식이 적용되었다. 이에 따라 비용부담이 늘어나면서 주요 거래 구간에서 과도한 중개보수 상한요율이 적용되고 있었다. 이는 공인중개사법령에 정해진 중개서비스의 범위가 주택가격과 상관없이 동일한 반면, 중개보수 요율체계는 주택가격에 연동되어 중개보수가 증가하는 구조로 되어 있기 때문이었다.

더구나 주택거래 사고가 있을 때 손해배상이나 책임보장 한도와 그 서비스가 근거 규정이 미약하여 소비자들의 불만이 이만저만이 아니었다. 계약 만료 이전에 집을 비울 때 임차인이 중개보수를 부담해야 하거나, 계약 파기의 잘못이 어느 일방에 있어도 관련 규정이 부재했다.

대한민국 가계에서 부동산은 특별한 의미를 지닌다. 생활의 안정성을 갖추는 일이자 재산 형성에서 특별한 역할을 하기 때문이다. 따라서 부동산과 관련한 문제는 민심을 좌우하는 열쇠가 되어 왔다. 그만큼 부동산과 관련한 민원은 큰 사회적 갈등을 불러오므로 누가 보더라도 공정하고 합리적인 해결책을 내놓아야 했다.

민원을 접수한 국민권익위원회는 권익위가 운영하는 참여포털인 '국민생각함'을 통해 국민의 의견을 수렴하였다. 그리고 이해관계자인 한국공인중개사협회도 수긍할 수 있는 결론을 도출해야 했다. 이를 위해 소비자단체와 관계기관들과의 수차례에 걸친 간담회와 협의도 거쳤다. 주무부처인 국토교통부의 입장도 중요했다. 오랜 시간에 걸친 국민의 의견 수렴과 관계기관들과의 협의 결과를 가지고 내린 제도 개선 조정안을 권익위 전원위원회의 의결을 거쳐 '주택 중개보수 및 중개서비스 개선 방안'으로 도출해 냈다. 그리고 마침내 2021년 2월 8일, 국토교통부와 전국 17개 광역자치단체에 권고하기에 이른다.

그 권고안에는 주택의 중개보수 요율 체계 개선, 개업공인중개사의 법정 중개서비스 외 부가서비스 명문화, 중개거래 과정에서의 분쟁 발생 최소화 및 중개의뢰인 보호장치 강구, 주거 취약계층 중개보수 지원을 위한 지방자치단체의 역할 강화 등의 내용을 담았다. 1년간 부동산을 거래하는 약 694만 명에 달하는 국민의 권익 보호를 위한 불합리한 부동산 중개보수의 부담을 경감하는 효과가 기대되었다.

이러한 개선안에 호응하는 국민의 반응은 뜨거웠다. 이른바 '반값 복비'를 반기는 많은 분들이 권익위에서 실시한 '국민생각함' 국민투표에서 '2021년 국민이 뽑은 최우수 제도 개선'으로 뽑아 주기도 하였다.

과거에 합리적이었던 제도와 규정이 시대의 변화에 따라 국민의 불편과 고충으로 변할 수 있다. 주거 안정은 단순히 집이 있고 없고의 문제가 아니다. '집'과 관련한 모든 문제를 시대적 상황에 따라 현실에 맞게 다각도로 살펴야 한다. 또한 집이 있는 사람과 없는 사람, 사회적 취약계층까지 두루 살펴 안정적인 삶을 이어 나갈 수 있도록 국가가 나서서 돕는 것이 옳다. 선거철이면 전통시장을 둘러보며 어묵 꼬치를 사먹는 퍼포먼스보다 이렇게 서민들의 생활에 편익을 제공할 방안을 연구하고 모색하는 것이 훨씬 중요한 민생 정치가 아니겠는가.

## 가족폭력 피해자 보호를 위한 주민등록 열람 제한

2022년 12월을 사로잡은 드라마는 단연 〈더 글로리〉였다. 드라마의 흥행에 힘입어 여러 이슈가 떠오를 만큼 사회적 파장이 상당했다. 가장 큰 효과는 '학교폭력의 피해 상황'으로 인한 국민적 분개가 대한민국만이 아닌 전 세계로 퍼지며 경각심을 불러일으킨 것일 테다. 그런데 나는 조금 다른 관점에서 이 드라마를 보게 되었다.

"문 열어! 너, 안에 있지? 내가 주소 다 떼 보고 왔어!"

피해자인 딸 동은의 의사와 상관없이 가해자 부모로부터 돈을 받고 합의서에 사인하여 학교폭력을 무마해 버린 동은의 엄마가 등장하는 장면이었다. 알코올 중독자이자 아동학대를 일삼던 엄마는 숨어 살던 딸 동은의 주소지를 찾아와 소리를 지르며 문을 부술 듯

두드리며 이렇게 외쳤다. 나중에 동은의 집을 다시 찾은 엄마에게 어떻게 알고 왔냐고 묻자 이렇게 비아냥거리며 대답한다. "야, 나 엄마야. 핏줄이 그렇게 쉽게 끊어지니?"

시청자들이 두려워하거나 슬퍼하며 보았을 드라마의 이 장면에서 나는 혼자 중얼거리며 안도했다. "다행이다. 이제는 나쁜 엄마나 아빠가 피해자인 자녀를 찾으려고 주민등록을 열람하는 일이 쉽지 않게 되었으니…." 하고.

실은 국민권익위원회가 2020년 10월, 이 같은 상황을 피할 수 있도록 관련 제도 개선을 권고했던 터였다. 이듬해 2021년 6월에 '가정폭력 피해자의 주소 노출 위험을 최소화해 2차 피해를 방지하는 내용의 주민등록법'이 개정되어 국회에서 의결·공포되었다. 그리고 그로부터 다시 6개월이 지나 본격적으로 시행되었다.

드라마 〈더 글로리〉는 관련 제도가 개선되기 이전에 촬영된 것이었을 터이니 달라진 상황을 반영하지는 못했을 것이다. 비록 드라마지만, 가정폭력 피해자가 왜 보호되어야 하는지 너무 잘 반영하고 있어 나 역시 깊이 빠져들며 보았던 기억이 있다.

법이 개정되기 이전의 상황은 드라마보다 더 심각했다. 권익위의 실태조사에 따르면, 이미 '가정폭력 피해자 보호를 위한 주민등록 열람 제한 제도'가 시행 중이었으나 보호받지 못하고 피해를 입는 문제가 자주 발생하고 있었다. 한 예로, 가해자인 남편이 직계혈족이라는 이유로 자녀의 주민등록을 열람하여 배우자의 직계혈족인 장인·장모의 주소를 추적, 피해자인 아내의 거처를 확인하는 사례도 다수 있었다.

이런 일이 가능한 것은 이전 제도에 몇 가지 문제점이 있었기 때문이다. 먼저 '가정폭력 피해 사실 입증서류'가 제한되어 '학대피해아동보호시설'에 입소하거나 상담한 피해 아동의 경우 주민등록 열람 제한 신청이 곤란한 경우가 많았다. 또한 피해자의 부모라는 사실을 내세우면 가정폭력 가해자라도 주민등록을 열람할 수 있고, 자녀와 관련하여 가해자인 부모가 피해자의 전입신고에 자유롭게 개입할 수 있었다.

권익위는 가정폭력 피해자들에게 다시는 불행한 일이 반복되지 않도록 가정폭력 피해자들을 위한 제도 개선에 나섰고, 구체적인 몇 가지 사항을 담아 주무부처인 행정안전부에 제도 개선을 권고했다. 첫째, 아동폭력 피해자 입증서류를 확대하여 학대피해아동쉼터 입소 확인서와 아동보호전문기관의 상담사실확인서를 추가했다. 둘째, 피해자가 '비동거 자녀나 직계존속의 주민등록 열람 제한'을 신청할 수 있게 했다. 셋째, 주민등록 열람이 제한된 가해자가 피해자의 이해관계인이어도 주민등록 열람 교부를 제한하게 했다. 또한 열람 제한 상태의 친권자가 자녀의 전입신고를 하는 것을 제한하고, 가정폭력으로 주민등록 열람 제한 상태인 전 세대주의 동의도 배제했다.

"핏줄이 그렇게 쉽게 끊어지니?"

다시 떠올려도 소름 돋는 대사가 아닌가. 동은 엄마를 연기했던 박지아 배우의 실감 나는 연기로 더 화제가 되었던 그 말. 맞는 말이다. 핏줄은 쉽게 끊어지지 않는다. 적어도 폭력으로 상처 입은 아이와 가족들은 오래오래 기억 속에 각인되어 남은 삶을 힘들게 만들 힘이 핏줄에 있다.

하지만 국민을 보호할 의무가 있는 국가가 나선다면, 설령 핏줄은 끊어지지 않더라도 피해자들에게 가해지는 공포는 끊어 낼 수 있지 않을까. 같은 비극이 반복되지 않도록 예방할 수 있어서 지금 생각해도 잘한 일이다 싶다.

# 부패 없는
# 청렴한 나라를 위하여

## 9년 동안 잠자던 법안을 깨우다

국민의 대다수가 보기에 세상은 공평하지 않다. 모두에게 골고루 주어져야 할 기회도 균등하지 않다. 부모의 직장이나 지위가 자녀의 대학 진학과 취업으로 이어지는 사다리 역할을 한다는 건 세상이 다 알고 있다. 보통의 국민이 자력으로 일어서기 힘든 사회. 자신이 속한 직장의 고급 정보로 부를 축적할 수 있는 사회. 돈과 사회적 지위가 없으면 기회를 얻기 힘든 사회. 우리가 사는 세상은 불공정했고, 그들만의 리그였다. 또한 어떤 이들은 아무리 노력해도 얻지 못하는 것을 그들은 너무도 쉽게 얻을 뿐만 아니라 그것을 대물림하고 있다는 사실이 분노를 넘어 좌절로까지 이어졌다.

그래서 국민은 대통령이 될 사람을 선택하며 희망을 품는다. 이 사람이라면 이 불공정한 세상을 바꿔 주리라. 이 사람이라면 나처럼 소외된 사람까지 보호하고 기회를 균등하게 할 것이다. 이 사람이라면 내 아이가 안전한 세상을, 내 부모가 노후를 안락하게 보낼 세상을, 만연한 부정부패를 바로잡아 모든 국민이 행복한 세상을 만들어 줄 것이라 기대한다. 그렇다면 우리는 지금 더 나아진 세상을 살고 있을까?

2021년 3월, 한국토지주택공사(LH) 직원 중 일부가 자신들이 다니는 회사의 사업계획을 이용하여 부동산 투기를 한 사건이 폭로되었다. 이로 인해 전 국민이 충격에 빠졌다. 국민의 주거 안정을 실현하고, 국토의 효율적 이용을 목적으로 운영되는 국토교통부 산하의 공기업이 오히려 국민을 배신한 행위였다. 대한민국의 어느 곳이 언제 개발될 거라는 정보를 가장 빨리 접하는 그들의 행위는 교묘하고 치밀했다. 개발 예정지를 매입하고 그곳에 고가의 묘목을 빼곡히 심는 수법으로 보상금을 타 내는 투기를 도모했다.

그러면 이러한 부정부패를 막기 위한 법이 없었던 것일까? 아니다. 2012년에 제안되어 2015년 1월에 통과된 '청탁금지법', 속칭 '김영란법'이 바로 이런 부정부패를 방지하기 위한 법이었다. 그런데 왜 이런 부정이 일어났던 것일까? 당시 국민권익위원회는 청탁금지법 안을 마련하면서 공직자의 '이해충돌방지 조항'을 이 법의 핵심으로 삼았다. 즉 공직자가 사적 이해관계에 얽혀 직무를 공정하게 수행할 수 없을 때 그 공직자를 해당 직무에서 배제하거나 제한하는 내용이다. 그러나 지나치게 포괄적이란 이유로 국회 입법 과정에서 이 부분이 빠진 채 반쪽짜리 청탁금지법안만 통과되었다. 그런 까닭에 한국토지주택공사 직원들의 비리가 버젓이 일어나도 사전에 막거나 사후에도 효과적으로 처벌하기가 어려웠던 것이다.

권익위원장으로 이 사건을 목격하면서 나는 공직자들의 부정부패를 가장 효과적으로 예방할 수 있는 공직자 이해충돌방지법을 통과시킬 필요성을 절감하게 되었다. 정부기관 산하 공기업이었던 LH 직원들의 부동산 투기 사건은 당시 집권 여당인 더불어민주당에게는 최대의 악재로 떠올랐다. 이 사건으로 당시 더불어민주당은 코앞으로 다가온 서울시장 보궐선거에서 패배할 위기에 처할 정도로 민심이 돌아섰던 것이다.

나는 곧바로 이해충돌방지법 통과를 위해 국회를 찾았다. 더불어민주당과 국민의힘 등 각 당의 지도부를 찾아서 LH 부동산 투기 사건 같은 공직자 범죄를 사전에 차단하고 효과적으로 예방하기 위해서는 공직자 이해충돌방지법이 꼭 통과되어야 한다고 설득을 하였다. 법안 통과를 위한 주무 상임위인 국회 정무위원회를 방문하여 정무위원장과 양당 간사들도 만났다. 그들과 만난 자리에서 이해충돌방지법 통과의 필요성을 전달하고 법을 반드시 제정해 달라고 간곡히 요청하였다.

이와 더불어 평소에 친분이 있던 국회의원들을 직접 방문하거나 전화를 드려 지금 대한민국을 위기에 빠뜨리고 국민의 공분을 사고 있는 공직자들의 부동산 투기나 범죄들을 예방하기 위해서는 이해충돌방지법이 꼭 통과되어야 한다는 당위성을 설명하고 통과에 협조해 줄 것을 부탁하였다. 거의 매일 국회에 출근하다시피 하며 국회의원들을 만나 법안 통과를 호소하며 설득했는데, 이는 권익위원장 이전에 내가 국회의원을 했던 경력도 큰 도움이 되었던 것 같다.

법안 통과에 사실상 권한과 결정권을 가진 국회의 역할도 중요했지만 통과 여론을 만들 수 있는 언론의 역할과 도움도 절실하였다. 신문사와 방송사를 직접 방문해서 간부진들을 만나 이해충돌방지법 통과의 필요성을 설득하였다. 아는 기자들을 통해 방송사들 인터뷰에 출연해서 LH 부동산 투기 사태와 같은 고위공직자들의 범죄를 차단하기 위해서는 이해충돌방지법이 제정되어야 함을 국민 앞에서 말씀드렸다.

그러자 서서히 이해충돌방지법 제정의 필요성에 공감하는 정치권과 언론의 여론이 형성되어 갔다. 신문사들도 사설과 기사로서 이번에 꼭 국회에서 이해충돌방지법 제정이 되어야 한다는 보도를 쏟아 내기 시작했다. 그러던 중 KBS 9시 뉴스에서 연락이 왔다. 9시 뉴스에 첫 번째 꼭지에서 내가 직접 이해충돌방지법 제정 필요성을 설명하는 인터뷰에 응해 달라는 요청이었다. 당시 가장 시청율이 높았던 뉴스에서 이해충돌방지법 통과의 필요성을 국민에게 직접 설명드릴 수 있는 중요한 기회였다. 열심히 준비하여 긴장된 마음으로 인터뷰를 마쳤다. 역시 방송과 언론의 힘을 실감하였다. 이번에는 나에게는 우리 사회의 발전을 위한 언론의 선한 영향력을 확인하는 순간이었다.

2021년 3월 25일 KBS 인터뷰 이후 국회에서 이해충돌방지법 제정이 본격적으로 진행되었다. 같은 해 4월 14일 국회 정무위에서 여야 합의로 이해충돌방지법이 법안 소위에서 통과되었다. 그리고 법안을 마련한 지 무려 9년이라는 시간이 흐른 2021년 5월 18일, 국회 본회의에서 그동안 잠들어 있던 '이해충돌방지법'이 통과되어 제정법안으로 세상에 그 모습을 드러냈다.

이 법의 통과를 계기로 앞으로는 공직자가 직무상 비밀을 이용해서 부동산 투기, 주식 투자 등과 같은 사익을 추구할 수 없게 된 것이고, 국민의 공직자들에 대한 신뢰를 높일 수 있는 계기가 될 것이었다. 또한 공직자들이 자신의 가족, 자녀 채용을 비롯하여 이권 개입 여지가 있는 수의계약이나 부동산 매수도 할 수 없다. 이뿐만 아니라 공직자의 자녀들에 대한 특혜 입학, 특혜 채용 등도 불가능하다. 소위 고위공직자들의 '부모 찬스'를 막을 수 있게 된 것이다. 국회 본회의 통과를 뉴스로 지켜보면서 그동안 밤낮으로 국회의 문을 두드리고 언론에 법안 통과를 호소하며 지냈던 순간들이 주마등처럼 흘러가며 감사의 눈물이 절로 흘렀다.

물론, 이 법만으로 모든 부정부패와 비리를 막거나 모든 국민이 공평한 삶을 영위할 수 있게 하지는 못한다. 하지만 기본적으로 공직자가 스스로 자신의 사적인 이해관계를 추구할 가능성이 있을 때 미리 신고하여 회피하게 하는 중요한 기능을 한다. 만약 신고 의무를 이행하지 않을 때는 공정한 업무를 했더라도 '신고 미이행'으로 처벌이 가능하다.

퇴임 후 언론사들과의 인터뷰에서 권익위원장 재임시 기억에 남는 일들을 물어올 때가 많다. 거의 빠짐없이 '이해충돌방지법'의 통과를 가장 먼저 소개한 것 같다. 그만큼 법안 통과를 위해 나의 모든 정성과 노력을 다했다. 또한 반부패 총괄기관인 국민권익위원회 위원장으로서 국가의 청렴도를 높이고 공직자들의 부정부패를 방지할 수 있는 기틀을 세운 일이라 개인적으로도 소회가 남달랐다. 아직 보완할 점이 있지만, 대한민국이 맑고 투명한 청렴 국가가 되도록, 그리하여 이런 법이 필요하지 않은 공직사회 풍토가 조성되길 바라고 있다.


## 부정부패 척결의 시작, 이해충돌방지법


그럼 여기서 이해충돌방지법에 대해서 한 걸음 더 들어가 보자.

먼저 청렴(淸廉). "성품과 행실이 높고 맑으며, 탐욕이 없다."는 뜻

이해충돌방지법을 알리기 위한 언론 인터뷰. 권익위원장 재임시 기억에 남는 일들을 꼽으라면 '이해충돌방지법'의 통과를 가장 들 것 같다. 반부패 총괄기관인 국민권익위원장으로서 국가의 청렴도를 높이고 공직자들의 부정부패를 방지할 수 있는 기틀을 세운 일이라 개인적으로도 소회가 남달랐다.

이다. 공직자들의 올바른 행동을 말할 때 반드시 등장하는 이 말은 이들의 의무와 책임을 한 단어로 잘 설명하고 있다. 고위공직자의 도덕성을 이야기할 때 자주 등장하는 표현이 바로 '이해충돌'이다. 경제협력개발기구(OECD)는 '공무원의 사적 이익과 공공의 의무 사이에 갈등이 존재하고, 그러한 갈등이 공무원의 의무와 책임에 부당한 영향을 미치는 상황'이라고 정의하고 있다. 따라서 이러한 상황이 해결되지 않으면 공무원의 직무 수행이 공정하고 객관적으로 이루어지지 않을 우려가 있어서 부패 가능성 또한 높아진다.

내가 이해충돌방지법에 더 큰 의미를 두는 이유는 따로 있다. 뿌리 깊게 만연한 '전관예우'를 사실상 불가능하게 하는 제도적 장치를 두고 있어서다. 그동안 많은 로펌이나 기업들이 법원, 검찰, 경찰, 국세청, 공정위 등 공공기관에서 퇴직한 고위공직자를 고문이나 사외이사 등으로 영입해 관련 업무에 영향력을 행사해 왔다. 하지만 이제 이해충돌방지법 제정으로 현직 공직자들은 '최근 2년 이내에 퇴직한 전직 공직자'가 자기 기관의 직무 관련자가 될 경우, 소속 기관장에게 반드시 신고하고 해당 직무를 회피해야 한다. 또한 현직 판·검사 혹은 공직자들은 퇴임한 선배 법조인이 사건을 수임해 변호사로서 직무 관련자가 되었을 때, 반드시 사적 이해관계를 신고하고 해당 사건과 재판을 회피해야 한다.

업무적으로만 회피하면 될까? 그렇지 않다. 드라마나 영화에서처럼 "선배님, 우리 언제 골프나 한번 칩시다."라는 말도 함부로 할 수 없다. 현직 공직자들이 직무 관련자인 퇴직 선배들과 골프, 여행, 사행성 오락 등 사적 접촉을 할 때도 반드시 신고해야 하기 때문이다. 따라서 로펌이 고위공직자를 영입하더라도 공식적이든 비공식적이든 직무에 영향을 미치는 통로가 모두 차단된다고 볼 수 있다.

이해충돌이 발생할 수 있는 반대의 경우도 있다. 전관예우와 반대로 로펌에서 근무했던 변호사나 기업의 사외이사 등 민간 영역에서 일하던 사람이 고위공직자로 임용되었을 때다. 이 경우, 자신이 재직했던 로펌이나 기업에 특혜를 줄 수 있다는 우려가 제기될 수 있다. 하지만 이해충돌방지법은 전관예우뿐만 아니라, 현관예우 또한 제도적으로 불가능하게 막고 있다.

임용 전 2년 이내에 자신이 재직했던 법인·단체 또는 고문이나 자문을 제공했던 개인·법인·단체가 직무 관련자가 될 경우, 마찬가지로 사실을 신고하고 해당 직무를 회피해야만 한다. 또한 임용 전 3년 이내에 있었던 이러한 활동 내역 일체를 구체적으로 작성해 임용 후 30일 이내에 제출해야 한다. 당연히 이를 지키지 않았을 때 처벌도 가능하다. 공직자의 경우 징계 등 행정처분이나 과태료가 부과되고, 최대 7년 이하 징역에 처한다.

하지만 모든 법이 그렇듯 이미 사고가 발생하고 나서 처벌하는 것이 무슨 의미가 있을까. 더구나 부정부패란 처벌보다 아예 발생을 차단하는 것이 맞다. 이해충돌방지법은 공직자의 위법 행위를 적발해서 처벌하는 것보다 미리 예방하려는 데에 중점을 두고 있다. 나는 이 법이 시행됨과 동시에 우리 공직사회에 '전관예우'라는 말이 사라지고 공정하고 투명한 시스템이 정착되길 기대하고 있다.

## 이해충돌방지법을 정착시키기 위하여

2021년 5월 18일에 이해충돌방지법이 제정된 이후, 2022년 5월 19일에 본격적으로 시행되기까지 많은 준비가 필요했다. 권익위는 '이해충돌방지법 시행준비 TF'를 구성하고 인력을 투입했다. 법이 만들어졌어도 이 법을 알아야 할 공직자들이 모른다면 무용지물이다. 따라서 전국 200만 공직자들이 법과 시행령의 주요 내용을 이해할 수 있게 적극적인 홍보와 교육이 필요했다.

그래서 '찾아가는 이해충돌방지법' 교육 프로그램이 등장했다. 2023년 1월 기준으로 총 500여 회를 실시했다. 그 밖에도 강의 영상 제작, 청렴연수원 온라인 교육과정 운영, 표준강의안 제공하여 각 기관에서 자체 교육을 진행할 수 있게 했다.

권익위원장인 내가 직접 기관들을 방문하여 공무원들을 교육하기도 했다. 국방부, 국가보훈처 등 중앙행정기관, 지방자치단체 등 다양한 기관을 찾아가며 교육을 하였다. 또한 뉴스에 출연하거나 TV 광고나 권익위 유튜브를 이용하는 방법으로 이 법에 대해 상세히 알리며 홍보했다. 깨끗하고 선한 이미지의 배우 이상엽 씨가 홍

### 이해충돌방지법 10개 행위 기준

| 신고·제출 의무 | 제한·금지 행위 |
|---|---|
| ① 사적 이해관계자 신고 및 회피·기피 신청 | ⑥ 직무 관련 외부 활동의 제한 |
| ② 공공기관 직무 관련 부동산 보유·매수 신고 | ⑦ 가족 채용 제한 |
| ③ 고위공직자 민간 부문 업무 활동 내역 제출 | ⑧ 수의계약 체결 제한 |
| ④ 직무 관련자와의 거래 신고 | ⑨ 공공기관 물품 등의 사적 이용·수익 금지 |
| ⑤ 퇴직자 사적 접촉 신고 | ⑩ 직무상 비밀 등 이용 금지 |

보대사 겸 명예 암행어사로 위촉되어 이해충돌방지법 내용을 알리는 데 힘을 써 주기도 했다.

그러자 2022년 12월에 국민 3,045명(일반 국민 1,000명, 공직자 2,045명)을 대상으로 이해충돌방지법 인지도를 조사한 결과 국민의 84.2퍼센트, 공직자 97.4퍼센트가 알고 있는 것으로 나타났다. 또한 국민의 68.4퍼센트, 공직자의 82.5퍼센트가 이해충돌방지법이 공직자가 공정한 직무를 수행하도록 하는 데 효과가 있다고 응답했다.

아울러 이해충돌방지법이 공포되기 약 한 달 전에 청와대에서 문재인 대통령을 모시고 '공정사회 반부패정책협의회'를 개최하여 '반부패·청렴 혁신 10대 과제'를 통해 공직사회의 근본적 반부패 개혁이 이루어지도록 노력하였다. 대통령이 의장이고 국민권익위원회가 간사로 역할을 하는 공정사회 반부패정책협의회는 대한민국의 반부패·공정 정책 관련 기관이 함께 참여하여 정책적 사항을 논의하고 공유하는 정부최고의 권위를 가진 협의회이다. 국무총리와 법무부, 행안부, 국방부 등 주요 반부패기관들의 기관장들이 위원으로 구성되어 있다.

나는 청와대에서 열린 반부패정책협의회에서 발표한 혁신 과제 중 열 번째인 '지방자치단체 반부패 협력 및 혁신 지원'을 위해서 전국 17개 광역시도의 협조를 구하기 위해 모든 지자체를 직접 방문하여 반부패 업무협약을 체결하였다. 2021년 4월 2일, 이재명 경기도지사와 반부패 업무협약 체결을 시작으로 6월 16일 원희룡 제주도지사, 마지막으로 6월 17일엔 오세훈 서울특별시장과 반부패 업무협약 체결로 이어지는 80일간의 대장정을 이어 갔다.

중앙과 지방정부가 이렇게 한마음 한뜻이 된 것은 정부의 반부패 혁신과 쇄신 의지를 국민에게 약속하였고, 국민이 이를 지지하였기 때문이라 확신한다. 나는 부패방지총괄기관인 국민권익위원장으로서 이해충돌방지법 제정을 계기로 더 노력하여 공직사회의 청렴성과 공정성을 높여 대한민국을 세계 20위권의 청렴선진국에 진입시키겠다고 새로운 목표를 세우며 다짐했다.

아무리 좋은 법이 있어도 알아야 지킬 수 있다. 그래서 준비한 '찾아가는 이해충돌방지법' 교육. 2023년 1월 기준으로 총 500여 회를 실시했다. 그 밖에도 강의 영상 제작, 청렴연수원 온라인 교육과정 운영, 표준강의안 제공하여 각 기관에서 자체 교육을 진행할 수 있게 했다.

# 국회의원의 부동산 거래 전수조사

국민권익위원장인 나 또한 '이해충돌방지법'을 지켜야 할 공직자다. LH 사건의 여파로 공직자의 부동산 투기 의혹에 대한 국민의 불신이 높아지는 가운데 2021년 3월, 더불어민주당 국회의원 174명의 요청으로 국민권익위원회에서 '국회의원 및 가족 부동산 거래 현황 조사'를 시작하게 되었다. 나는 당시 권익위 부패방지부위원장이었던 이건리 부위원장을 부동산 거래 특별조사단장으로 임명하고 권익위 직원들이 공정하게 조사를 잘 처리해 줄 것을 믿고, 민주당 국회의원 출신인 권익위원장이 혹여나 정치적 영향을 받거나 공정성 우려를 사전에 차단하기 위해 부동산 거래 전수조사에 대해 관련 직무 전반에 대한 회피 조치를 했다.

이 회피 조치로 나는 부동산 거래 전수조사에 대해 개입하거나 일체의 보고를 받지 않았고, 특별조사단은 철저히 공정하고 중립적으로 조사에 임했다. 나의 업무 회피 조치는 이해충돌방지법상의 사적 이해관계 회피 조치와 같은 것으로 법 시행 전에 일종의 이해충돌방지법을 홍보하기 위한 방법이기도 하였다.

더불어민주당에 대한 권익위의 조사대상은 더불어민주당 의원 174명과 조사에 동의한 배우자, 직계존비속 등 모두 816명이었다. 권익위는 3기 신도시 지역을 포함한 투기 관련 신고가 있는 지역 등을 중심으로 조사대상자들의 7년 이내 부동산 거래 내역을 철저히

대한민국 대전환

사상 초유의 국회의원들의 부동산 거래 전수조사는 이제 더이상 국회의원들도 성역이
아니고 국민의 공복으로서 국민에게 자신들의 청렴을 투명하게 밝혀야 하는 위치라는
것을 말하는 것이었다.

조사하였다. 의외로 조사가 길어져 당초 예정되었던 4월에 조사를 마치지 못하고 2021년 6월 7일에 조사가 마무리되어 조사 결과를 발표하였다.

더불어민주당 국회의원들 전수조사 결과 12명의 크고 작은 위법 사실을 적발하였고, 경찰청 정부합동 특별수사본부에 수사를 의뢰하였다. 그리고 그 결과를 밀봉하여 송영길 더불어민주당 대표에게 전달하였다. 사상 초유의 국회의원들에 대한 부동산 거래 조사 결과는 엄청난 반향과 후폭풍이 따랐다. 국민은 권익위에 많은 응원과 지지를 보내 왔다. 하지만 권익위 조사에서 위법 사실이 적발된 의원들은 나에게 원망을 쏟아 내었다. 안타까운 마음이었지만 조사에 전혀 개입하거나 보고도 받지 않았던 내가 그들에게 해 줄 수 있는 일은 없었다.

그리고 법령상 권한이 없는 감사원 감사만 고집하며 권익위 전수조사를 받지 않아 국민의 따가운 시선에 직면한 국민의힘 의원들도 여론에 쫓겨 결국 권익위에 부동산 거래 전수조사를 요청하였다. 더불어민주당 출신 권익위원장이 있어 불공정성 우려가 있어 권익위에 전수조사를 맡길 수 없다고 주장하면서 피하려 했지만, 내가 조사의 공정성 담보를 위하여 선제적으로 업무 회피 조치로 그러한 구차한 변명도 통할 수가 없는 터였다. 그렇게 여론에 떠밀린 국민의힘 의원들도 결국 권익위에 전수조사를 요청하게 된 것이다.

2021년 6월 28일, 권익위는 국민의힘 소속 국회의원들과 가족들

437명의 부동산 거래 전수조사에 착수하였다. 앞서 더불어민주당과 똑같은 대상과 방법으로 실시하였다. 더불어민주당 출신인 나는 국민의힘과는 법령상 사적 이해관계가 없어 법적 회피 의무는 없었다. 하지만 나는 이번에도 공정성 오해를 막기 위해 업무 회피를 택했다.

8월 23일 국민의힘 국회의원들과 가족들에 대한 부동산 거래 전수조사 결과가 발표되었다. 결과는 12명의 위반 사실이 확인되었다. 이후 더불어민주당과 똑같이 특수본 수사 의뢰와 결과보고서를 밀봉 후 당 대표에게 전달하였다. 사상 초유의 국회의원들의 부동산 거래 전수조사는 이제 더이상 국회의원들도 성역이 아니고 국민의 공복으로서 국민에게 자신들의 청렴을 투명하게 밝혀야 하는 위치라는 것을 말하는 것이었다. 공직자 이해충돌방지법은 이렇게 성역을 무너뜨리며 대한민국을 청렴선진국으로 한 단계 더 끌어올리는 역할을 하고 있었다.

이해충돌방지법의 공포와 시행을 앞두고 공직자의 직무 관련 정보를 이용한 부동산 투기 등 사익 추구 행위에 대한 집중 신고 기간을 운영하였다. 이 기간에만 총 65건의 신고가 접수되었는데 내부 정보를 이용한 투기 의혹이 40건으로 가장 많았다. 그 외에도 제3자 특혜 제공 의혹 6건, 농지법 위반 의혹 3건, 기타 8건이었다. 다만, 부동산 투기행위에 가담하거나 연루된 공직자가 이를 스스로 신고하도록 책임감면제도를 두어, 신고자나 협조자에게 형이나 징계 등 불리한 행정처분을 감면할 수 있게 했다.

## 아직도 갈 길은 먼 국가청렴도

부정부패를 방지하고 청렴한 국가를 향해 나아가려는 노력을 한정된 지면 안에 모두 담을 수 없어 아쉽다. 내가 권익위원장으로 취임하던 문재인 정부의 목표도 그러했지만, 나 역시 국민이 신뢰할 수 있는 청렴한 공직사회를 만드는 데에 이바지하고 싶었다. 어쩌면 국민이 지금 내게 궁금해하는 것은 무엇을 어떻게 했느냐는 과정이 아니라, 결과일지도 모르겠다.

세계 각 국가의 부패지수를 산출하여 각국의 청렴도를 발표하는 국제기구가 있다. 바로 독일 베를린에 본부를 둔 비정부기구(NGO)인 '국제투명성기구(TI:Transparency International)'이다. TI는 세계 각 국가의 부패를 억제하는 반부패 운동을 주도하고 있는 공신력 있는 국제기구이다. 이곳에서는 1995년부터 매년 전 세계의 '부패지수(CPI:Corruption Perceptions Index)'를 조사하여 국가청렴도 순위를 정하고, 제일 투명한 나라와 부정부패가 심한 나라를 발표한다. 내가 권익위원장 재임 시절 대한민국은 2023년에 63점을 받으며 180개 나라 중 31위를 기록하여 역사상 역대 최고 순위를 갱신하였다. 2017년 53점으로 51위를 한 후 매년 상승한 역대 최고 기록이다.

물론 내가 권익위원장으로서 취임하면서 애초에 목표했던 20위권 진입에 못 미치는 성적이다. 그래도 실망하진 않았다. 전년도보다 오히려 한 계단 상승한 수치였으며, '이해충돌방지법'의 제정과 시행으로 공직사회의 청렴도가 향상되었기에 가능한 일이었다. 이 조사는 100점을 만점으로 하며, 70점 이상을 받아야 사회가 전반적으로 투명한 상태라고 할 수 있다. 1위인 덴마크는 90점이었다. 핀란드 87점 2위, 일본은 73점 18위, 미국 69점 24위로 우리보다 순위가 높다. 참고로 북한은 17점으로 171위라는 초라한 성적을 기록했다. 부정부패 지수가 중요한 이유는 부정부패가 심한 나라일수록 정치와 사회는 물론이고 경제 등 국가의 안정과 발전에 부정적인 영향을 끼치기 때문이다.

국가청렴도 20위권 청렴선진국으로의 진입, 물론 나 혼자만의 노력으로는 이룰 수 없는 꿈이다. 대한민국 국민과 모든 공직자가 같은 마음으로 청렴하고 부패하지 않는 공직자의 자세를 당연한 것으로 여기고, 스스로 청렴한 공직자가 되기 위해 부단히 노력해야 가능한 일이었다. 임기 3년 안에 단숨에 대한민국을 세계 20위권 청렴선진국으로 진입시키겠다는 것은 나의 지나친 과욕이었을 수도 있다. 그래도 괜찮다. 조금씩, 한 단계씩 점점 나아지고 있는 대한민국의 노력이 멈추지 않는다면 언젠가 우리도 세계가 우러러보는 청렴도 1위 국가가 될 수 있을 것이다.

"벼슬살이의 요체는 두려워할 외(畏) 한 자뿐이다. 의(義)를 두려워하고 법을 두려워하며 상관을 두려워하고 백성을 두려워하여 마음에 언제나 두려움을 간직하면, 혹시라도 방자하게 되지는 않을 것이니 이로써 가히 허물을 적게 할 수 있을 것이다."

다산 정약용은 목민심서에 '치현결(治縣訣)'의 내용을 인용하여 관리의 청렴을 강조했다. 나는 두려워할 네 가지 중에서도 '백성', 즉 '국민'이 으뜸이라고 말하고 싶다. 국민을 두려워하는 마음, 국민을 위하는 마음이 공직자가 가져야 할 가장 기본적인 마음이다. 대통령부터 주민센터의 창구를 지키는 공무원 단 한 명까지 국민이 나라의 운영을 맡긴 관리가 아닌가. 아무리 높은 직위의 공직자라도 국민을 두려워하는 마음으로 책임을 다할 때 부정부패가 사라지고 국가청렴도 역시 올라가리라 믿는다.

제19차 IACC 개최. 우리나라가 국제사회의 반부패 리더로 자리매김할 수 있도록 하는 한편, 전 세계 시민들과 한국 국민들이 함께 더 나은 미래를 고민하고 공감하는 자리를 마련했다.

# 혁신을 이끄는
# 디지털 플랫폼 정부를 꿈꾸다

---

벼랑 끝에 몰린 국민을 위한 마지막 비상구

권익위원장에 취임한 지 1년 남짓 지난 2021년 5월의 어느 날이었다. 22살의 한 청년이 아버지를 굶겨 사망에 이르게 했다는 충격적인 소식을 들었다. 처음엔 자세한 사연이 알려지지 않아 언론에서는 천인공노할 패륜으로 보도했고, 사회적 지탄의 목소리가 높았다. 그러나 몇 달 후, 한 언론의 심층 취재 덕분에 이 청년의 안타까운 진실이 백일하에 드러났다. 그 심층 취재를 접한 뒤 대한민국의 국민으로서 또 정치인이자 국민권익위원장으로서 책임을 통감할 수밖에 없었다. 사연인즉슨 이랬다.

청년은 초등학교 1학년 때 어머니가 가출했고, 아버지와 단둘이 살았다. 그런데 대학을 휴학하고 공익요원으로 근무하던 중에 아버지가 뇌출혈로 쓰러졌다는 119의 연락을 받았다. 급히 뛰어간 병원에서 수술로 기사회생한 아버지는 코에 낀 줄로 음식물을 섭취해야 했다. 그리고 평생을 누워 지내야만 하는 장애를 갖게 됐다. 대소변의 처리나 욕창이 생기지 않도록 환자의 자세를 수시로 바꾸는 것도 청년의 몫이었다.

무엇보다 불어나는 병원비를 감당할 수 없었다. 어쩔 수 없이 퇴원 후 일어나는 일은 병원에 책임을 묻지 않는다는 각서를 쓰고 집으로 돌아왔다. 도시가스며 전화까지 연체되어 끊어질 정도였으니 집의 월세가 석 달 이상 밀리는 것은 어쩌면 당연한 일이었다. 현실이 이러한데 언감생심 간병인을 고용하는 것은 불가능했다. 가족이 없었으므로 아버지를 돌보는 것은 온전히 아들의 몫이 됐다.

어눌하게나마 말할 수 있는 병석의 아버지도 아들의 고통을 알고 있었다. 그랬기에 하고 싶은 것 하면서 행복하게 살라며, 부르기 전에는 방에 들어오지 말라고 당부했을 것이다. 청년이 기억하는 그 날, 5월 3일에 본 아버지의 모습이 1심 판결문에 이렇게 담겨 있었다.


"피고인은 피해자 방에 한 번 들어가 보았는데, 피해자는 눈을 뜨고 있으면서도 피고인에게 물이나 영양식을 달라고 요구하지 않고 가만히 있었다. 피고인은 이를 가만히 지켜보면서 울다가 그대로 방문을 닫고 나온 뒤 피해자가 사망할 때까지 방에 들어가지 않았다."

그로부터 닷새가 지난 8일 새벽, 청년은 아버지가 건강한 모습으로 멀쩡하게 걸으며 청소하는 것을 봤다. 깜짝 놀라 이제 아프지 않냐 묻는 아들에게 '빨리 씻으라.'는 아버지는 '함께 나가서 영화도 보고 돈가스도 먹자.'고 했다. 꿈이었다. 저녁 8시쯤 방문을 열자, 이미 숨이 끊긴 아버지의 목소리 대신, 대변 냄새와 악취가 몰려왔다고 한다.

기사를 읽던 나는 울음이 비어져 나오는 것을 참으려고 입술을 깨물었다. 그래도 눈물은 나왔고, 가슴이 무너지는 것처럼 아팠다. 어려운 형편의 삼촌이 퇴직금을 미리 정산받아 병원비에 보탰지만, 이 죽음을 막을 수는 없었다. 쌀이 없어 밥을 먹지 못하는 청년은 아버지의 콧줄과 기저귀를 사기 위해서라도 편의점 아르바이트를 하며 돈을 벌어야 했다. 겪어 보지 않은 사람은 모를 간병과 돌봄의 현실이 그를 이렇게 벼랑 끝까지 내몰았다. 청년이 24시간 돌봄이 필요한 아버지 곁에서 아무것도 할 수 없었던 현실에 국가는 어디에 있었는지 국민과 정치인들 모두 묻고 또 물어야 했다.

전쟁 후 극빈의 가난을 겪던 나라에서 OECD 10위권의 국내총생산(GDP)을 자랑하는 나라, 1인당 국민총소득(GNI)이 191개국 중

28위인 나라, 현재의 대한민국에서 벌어진 일이었다. "가난은 나라님도 구제하지 못한다."는 말이 있다. 하지만 국민의 힘겨운 삶을 돌볼 수 없다면 국가는 무엇을 하러 존재하는가? 청년이 국민권익위원회에 도움을 요청했다면 이 참혹한 비극은 막을 수 있었을지도 모른다고 생각하니 안타까움이 밀려왔다. 국민권익위원회가 벼랑 끝에 몰린 국민이 마지막에 찾고 기댈 수 있는 국민의 비상구 같은 기관이 되어야 한다는 생각이 들었다.

## 언제나 든든한 국민의 편, 국민권익위원회

아직 국민이 보기에 부족한 점이 많겠지만, 우리나라에 위기 가정을 지원하는 복지제도가 나름 잘 갖춰져 있다. 문제는 이런 복지제도가 대부분 당사자의 신청으로 이루어지는데, 이런 제도를 아는 국민이 그렇게 많지 않다는 점이다. 이 청년도 복지부나 거주지 주민자치센터를 방문하여 상담을 받았다면 국가에서 지원할 수 있는 긴급지원제도의 도움을 받을 수 있었을 것이다.

생계가 곤란한 위기 상황의 국민에게 생계비나 의료비를 지원하는 제도, 가사나 간병을 지원하는 제도, 만 65세 이상의 노인들에게 제공하는 노인돌봄서비스 등 정부나 지자체가 직접 운영하는 제도들이 많았다. 그리고 이런 혜택을 모르거나, 혜택이 있는데 직접 신청하기 어려울 때는 국민권익위원회의 '국민콜 110'으로 전화하면 국민권익위 상담원들이 방법을 찾아서 연결해 주고 있었다.

왕조시대에도 억울한 사연을 듣기 위한 제도가 있었다. 조선의 세 번째 왕 태종이 설치했다는 신문고가 그것이다. 대궐 밖에 큰 북을 설치하여 억울한 일을 당한 백성이 왕에게 억울함을 하소연할 수 있도록 하였다고 한다. 하지만 억울하다고 해서 아무나 북을 두드리지는 못했다. 먼저 거주지의 관할 관청에 민원을 넣어 해결하고, 결과에 따라 억울함이 풀리지 않으면 허락을 받은 뒤 사용할 수 있었다. 이렇게 백성의 민원이 접수되면, 왕이 지금의 감사원에 해당하는 사헌부에 지시를 내려 조사하게 했다.

오늘날 대한민국에도 국민을 위한 신문고가 운영되고 있다. 바로 국민권익위원회가 운영하는 '국민신문고'다. 조선 시대의 신문고처럼 관청에 허락을 받을 필요는 없다. 국민콜 110의 통화가 어려울 때 스마트폰이나 컴퓨터를 이용하여 온라인으로 상담받을 수 있다. 사실 국민이 민원이나 의견을 제기하는 창구는 정부의 기관 어디에나 존재한다. 하지만 다양한 민원과, 제안, 정책 참여가 가능한 곳은 국민권익위원회 '국민신문고'가 유일하다.

국민신문고는 온라인상으로 천 개 이상의 정부기관이 연결되어 있어 국민이 민원을 제기하면 컴퓨터가 자동적으로 담당기관으로 연결해 주어 해당 부처 담당 공무원이 1차적으로 민원을 해결한다. 그리고 국민권익위원회는 소관기관이 해결하지 못한 민원이 재접수

제11회 국민권익의 날 기념식. 유공자와 함께 조선 태종이 백성의 고충을 듣기 위해 설치한 신문고를 두드려 보고 있다.

되면 민원을 처리하는 일종의 민원의 항소심 역할을 수행하는 기관이다.

실제로 국민신문고를 통해서 긴급한 고충을 해결한 예는 헤아릴 수 없이 많다. 7년 전에 불의의 사고를 당해 하반신 장애를 얻고, 소변줄을 단 상태로 외부와 단절된 채 살아가는 민원인이 있었다. 심각한 우울증에 시각장애까지 있었던 민원인은 권익위로 연락하여 "죽고 싶다."고 호소했다. 권익위 직원은 즉각 민원인의 상황을 파악하여 장애인 활동지원과 물품을 지원했고, 관리대상자로 선정해서 정기적인 연락이나 방문 조치를 하는 등 적절한 도움을 드렸다.

또한 기초생활수급자인데 생계급여가 차감되어 도와 달라는 요청이 있었다. 권익위는 해당 민원인의 기초생활수급 기간을 연장하는 방법을 찾고, 관련 공기업을 통해서 생계지원을 했다. 국민이 보기에 혹시 이런 도움도 가능한지 의아해할 만한 민원도 있다. "제대로 먹지 못하는데 치아 문제 도와 주세요."라는 사연이었다. 치료비 지원이 가능하도록 방법을 찾아 도움을 드렸는데, 이후 치료를 마친 민원인으로부터 "잘 먹게 되어 감사하다."는 편지가 와서 권익위 직원들의 마음이 보람으로 가득 찼던 일이 있었다.

또 다른 방법으로 권익위에 도움을 호소할 수도 있다. 전화나 인터넷 접근이 힘든 국민이 직접 국민권익위를 방문하여 자신의 고충을 호소할 수 있는 상담센터인 '정부합동민원센터'가 바로 그것이다. '정부합동민원센터'는 정부서울청사 외교부 건물 1층에 있는

데 누구라도 직접 방문하여 전문 상담원의 상담을 들을 수 있는 곳이다. 또한 권익위에서 준비한 버스가 전국 방방곡곡 찾아가 국민의 목소리를 현장에서 직접 듣고 민원을 해결하는 '달리는 국민신문고'가 있다. 달리는 국민신문고는 권익위의 직원들이 국민신문고 차량으로 방문하여 현장에서 주민들과 생활법률, 소비자 피해, 생활고, 노동문제를 상담하는 서비스다. 권익위원장으로 부임한 이래 국민권익위원장으로서 늘 목표로 삼았던 것은 "국민에게 힘이 되어 드리는 든든한 국민 편 국민권익위원회가 되자."였다 더 많은 국민이 행복하고 웃는 모습을 보고 싶어서였다.

나는 대한민국이 부유한 나라라는 찬사보다 국민이 행복한 나라라는 말이 더욱 중요하다고 생각한다. OECD 회원국 중에서 손에 꼽을 만큼 경제적으로 부유하지만, 실상은 최저 출산율과 자살률 1위인 대한민국 국민이 불행한 것으로 보여 서글프다. 어려운 상황에 놓인 국민이 자신들을 돌봐 주는 국가의 존재를 느낀다면, 최소한 OECD 국가 중에서 자살률 1위라는 오명은 벗을 수 있지 않을까?


## 사고도 날씨처럼 예보할 수 있을까


내가 부임하던 해만 하더라도 국민신문고에는 한 해 800만 건 정도의 민원이 접수되었다. 그 이듬해인 2021년에는 1,300만 건 이

언제나 든든한 국민 편 국민권익위원회. 달리는 국민신문고는 권익위의 직원들이 국민신문고 차량으로 방문하여 현장에서 주민들과 생활법률, 소비자 피해, 생활고, 노동문제를 상담하는 서비스다.

상의 민원이 접수될 만큼 국민신문고를 찾은 국민의 숫자가 늘었다. 부임 후 국민이 힘들 때 국민신문고를 찾으시라고 집중적으로 홍보한 효과도 있었을 것이다.

하지만 이런 민원의 폭증은 코로나19 팬데믹 등으로 인해 국민의 삶이 힘들고 어려워졌다는 증거라서 마음이 착잡했다. 국민 다섯 명 중 한 명이 국민신문고를 찾은 셈이었다. 엄청난 민원이 밀려든다면 그 현상 자체는 물론 반길 일이 아니다. 하지만 이 엄청난 민원을 새로운 관점에서 바라보면 긍정적인 가능성을 발견할 수도 있다. 그 어마어마한 민원은 바로 '국민의 목소리'를 직접 확인할 수 있는 '빅데이터'이기 때문이다.

권익위는 한 해 천만 건 이상 접수되는 국민신문고의 민원 빅데이터를 분석하여 국민이 가장 힘들어하거나 문제가 발생할 이슈를 파악하고 있다. 권익위가 실제로 국민신문고에 접수된 민원을 분석한 결과를 살펴보면 '층간소음'이나 '교통체증', '지역 공사 현장의 민원' 등이 가장 많이 제기되는 것을 알 수 있다. 또한 지역별 현안들이 지역 특색을 반영하며 나타나는 것도 볼 수 있다. 이를 분석하여 각 지역 국회의원, 정부부처, 관계기관 등에 전달한다면, 해당 국회의원들이나 해당 기관에서 국민을 위한 현실적인 정책을 입안하거나 제도를 개선할 수도 있다. 더욱 효율적이고 선제적으로 국민의 민원을 해결할 방법이 되는 것이다.

나는 이런 취지를 설명하기 위해 박병석 국회의장에게 면담을 요청하였다. 그리고 권익위원회가 민원 빅데이터를 분석하여 각 지역별 온라인 민원지도를 만들어 국회에 제공하는 업무협약을 체결하였다. 권익위원회가 제공하는 지역별 민원지도에는 각 지역 주민들이 해결을 요구하는 민원이 잘 정리되어 있다. 따라서 이를 효과적으로 이용하기만 하면 지역구 주민들의 민원을 해결하는 것이 주요 업무인 지역구 국회의원에게 꼭 필요한 정보를 제공하는 셈이다. 그러면 국민들도 국회의원들이 직접 민원 해결을 챙기게 되어 좀 더 행복해질 거라고 생각했다.

그러나 현실은 나의 예상과 달랐다. 권익위가 제공한 민원지도가 현재 국회에서는 여러 가지 이유로 제대로 활용되지 못하고 있다. 안타까울 뿐이다.

그런데 국민의 고충을 살피는 권익위원장으로서 민원 빅데이터 분석의 뜻밖의 장점도 발견하게 되었다. 그날은 광주시에서 건축 중이던 한 아파트 공사 현장이 무너져 인명사고가 난 날이었다. 언론에서 대서특필한 뉴스를 보면서 안타까워하다가 한 가지 생각이 퍼뜩 떠올랐다. '분명 누군가는 이 사고의 징후를 미리 알아차리고 민원을 제기하지 않았을까?' 하는 생각이 든 것이다.

"혹시 그동안 이번 아파트 공사 현장 붕괴 사고와 관련한 민원이 국민신문고에 제기된 적이 있었는지 한번 확인해 주시겠습니까?" 혹시 모를 가능성을 염두에 두고 담당 직원에게 사고 전 국민신문고의 민원 빅데이터 분석을 부탁했다. 그리고 얼마 후 놀라운 사실

한 해 천만 건 이상 접수되는 국민신문고의 민원 빅데이터를 분석하여 국민이 가장 힘
들어하거나 문제가 발생할 이슈를 파악하고 있다. 이를 분석하여 잘 활용하면 국민을
위한 현실적인 정책을 입안하거나 제도를 개선할 수도 있다.

을 확인하게 되었다. 실제로 사고가 난 아파트 공사 현장에 이미 콘크리트 균열이 생겨 사고가 발생할 조짐을 보였고, 이를 미리 알아차린 주민들의 반복된 민원이 국민신문고에 제기되었던 사실을 확인한 것이다.

민원이 제기되었을 당시 해당 기관에서 현장을 점검하고 확인했더라면 혹시 사고를 미연에 막을 수 있지 않았을까 하는 생각이 들었다. 바로 그거였다! 한 해 천만 건이 넘는 민원이 접수되는 국민신문고의 민원 빅데이터를 효율적으로 활용하면 대형안전사고의 징후를 미리 파악할 수 있고, 사전에 그 사고를 미연에 방지할 조치를 취할 가능성이 있었다.

그래서 국민신문고 민원 빅데이터를 분석하여 큰 사고의 발생을 미리 감지하고 예방할 수 있도록 '안전 민원 예보'를 발령하기로 했다. 물론 이러한 민원 예보가 실제로 효과적으로 이루어지려면 오직 국민을 위해 일하겠다는 한마음으로 권익위와 정부부처 그리고 공직사회가 유기적으로 연결되어 있어야 한다. 모쪼록 대한민국 공직사회가 앞으로 그런 방향으로 나아가기를 바란다.

태풍이 오기 전에 구름이 끼고 바람이 불듯, 기압의 이동과 변화로 날씨를 예측하듯, 국민이 제기하는 민원으로 사고도 예측할 수 있다. 앞날을 예측할 수 있다는 것은 또 얼마나 편리한가. 비 예보를 들으면 우산을 준비하듯, 사고를 미리 막을 수 있어 혹시 모를 불행한 사태를 방지할 수 있다. 물론, 기상청에 날씨 예보를 위한 슈퍼컴퓨터가 국민의 민원이 모인 빅데이터 분석에도 필요하다. 결국 예산 문제였다.

대한민국 정부는 전 세계적으로 찾아보기 힘든 훌륭한 '디지털 정부'로 운영되고 있다. 심지어 1천 개가 넘는 공공기관이 국민신문 고를 통하여 네트워크로 연결되어 있다. 그러나 현실은 달랐다. 국민신문고를 통해 접수된 막대한 민원 빅데이터는 컴퓨터가 아닌 수기로 분석해야 했고, 직원들이 땀 흘려 수고한 국민의 민원 빅데이터를 전달해도 관심을 가지고 활용하는 기관이나 정치인은 찾아볼 수 없었다. 이렇게 방대한 빅데이터로 축적된 국민의 목소리를 잠재우는 것은 결국 국민에게 등 돌리는 것이라는 생각에 고민이 깊어져 갔다.

'디지털 민주주의의 실현', 나의 고민은 결국 여기서 멈추었다. 권익위 홈페이지의 기능 중에서 정말 훌륭한 것은 국민이 정책을 제안하고 의견을 제시할 수 있다는 점이다. 국민신문고의 플랫폼 '국민생각함'은 특정 정책이나 규제에 대해 국민의 의견을 물어 국민의 참여를 돕고 있다. 실제로 2021년 2월에 국토부와 지자체에 권고한 '주택 중개보수 및 중개서비스 개선 방안'도 '국민생각함'을 통한 국민의 참여가 있었으며, 그해 10월에 기존보다 절반 가까이 할인되는 '반값 복비' 개선안이 시행되어 국민의 환영을 받았다. 그리고 두 달 뒤인 12월엔 국민이 뽑은 '최우수 제도 개선 사례'로 선정됐다.

권익위는 디지털 기반 국민 정책 참여 포털인 '국민생각함'을 통해 주요 국정 현안에 대한 국민의 의견을 수렴하여 반영하는 '국민 정책 참여 솔루션'을 제공하고 있다.

# 디지털 국민권익 플랫폼을 향하여

국민이 투표로 대통령을 뽑는 것에 그치지 않고 정책의 입안과 제도의 개선에 참여할 수 있는 것, 바로 '디지털 직접 민주주의'의 실현이었다. 나는 이를 활성화하여 좀 더 다양하고 많은 국민의 참여가 가능한 디지털 시스템을 만들고 싶었다. 물론, 애초에 국민권익위원회 홈페이지에도 참여 가능했던 기능들이다.

하지만 제대로 활성화되지는 않았다. 방대한 데이터를 효율적으로 활용할 수 있는데도 제대로 활용되지 못해 사실상 유명무실한 상태였다. 나는 전 국민이 참여하는 디지털 민주주의를 실현할 수 있는 방법을 찾기로 마음먹었다.

"권익위는 매년 천만 건이 넘는 국민의 목소리가 모이는 정부 대표 디지털 플랫폼인 국민신문고 시스템을 운영하는 주무부처입니다. 또한 '민원 빅데이터 분석 시스템'을 통해 국민신문고로 제기되는 민원 빅데이터를 분석하여 문제점과 해결 방안을 제안함으로써 데이터에 기반한 과학적 정책 결정을 뒷받침하고 있습니다. 그리고 디지털 기반 국민 정책 참여 포털인 '국민생각함'을 통해 주요 국정현안에 대한 국민의 의견을 수렴하여 반영하는 '국민 정책 참여 솔루션'을 제공하고 있습니다. 현재의 틀에 진일보한 디지털 신기술을 접목하여 국민의 불편과 민원을 효과적으로 해결하는 한편, 디지털 소통을 통해 국민과 정부가 함께 국민권익침해를 근원적으로 해결하고 정책을 개선해 나가는 선순환 구조를 만들 수 있도록 더 진화된 디지털 플랫폼을 만들어야 합니다."

2022년 1월, 새해를 맞이하여 권익위 가족들에게 신년사를 전했다. 신년사에는 지난해를 돌아보며 감사한 마음과 새로운 다짐과 각오로 새해를 시작하자는 응원의 메시지를 담았다. 마침 '이해충돌방지법' 시행 원년으로 반부패·청렴 정책 혁신을 목표로 하는 '제2차 반부패 중·장기 종합계획' 수립을 앞두고 있었다. 하지만 내가 더 중점을 두고 독려한 것은 '디지털 국민권익 플랫폼'을 더욱 고도화하고, 국민이 적극적으로 활용할 수 있도록 확대하는 일이었다.

코로나19 팬데믹 시대를 지나며 이미 세상은 큰 변화의 물결을 맞이하고 있었다. 특히 사회적 거리두기가 일상화되면서, 인터넷을 이용하여 비대면 환경에서 일과 학업을 수행하는 일이 당연시될 만큼 모든 면에서 디지털 대전환이 가속화되었다. 더구나 제20대 대통령 선거를 앞두고 유력한 여야의 후보 모두 '디지털 플랫폼 정부'를 공약으로 내세우고 있었다.

따지고 보면 정부에서는 이미 국민권익위의 '국민신문고'나 '국민생각함' 등을 통하여 여야가 함께 제안한 '국민이 직접 참여하는 디지털 정부'의 기본 서비스가 이루어지고 있었다. 나는 현재의 권익위의 디지털 서비스에 메타버스, 클라우드, 블록체인, 챗봇 등 더 고도화된 IT 기술을 접목한다면 국민의 불편을 획기적으로 줄여주는 제대로 된 '디지털 플랫폼 정부'를 구현할 수 있다고 생각했다.

문재인 대통령은 이미 2020년 어린이날 행사에서 마인크래프트라는 게임 속 가상 청와대에 어린이들을 초대한 적이 있다. 나와 권익위가 구현하고 싶었던 '디지털 국민권익 플랫폼'도 비슷하다. 메타버스로 만들어진 가상의 정부기관이 구현된다면 국민이 아바타를 이용하여 방문하고, 민원을 제기하고 싶은 관계부처를 찾아가 담당자를 만날 수 있다.

더 큰 장점은 정형화된 질문의 민원에 축적된 빅데이터를 활용하는 AI 기술로 신속한 답변을 할 수 있다는 점이다. 각 관계부처의 담당자 또한 업무가 훨씬 수월해지고 여유로워진다. 아울러 민원을 해결할 때마다 마일리지를 부여하여 승진에 기여할 포인트로 사용한다면, 디지털 플랫폼 정부 안에서 담당 공무원들에게 실질적인 도움이 될 수 있었다. 반대로 징계를 받게 된다면 포인트 차감으로 면책을 받기 위한 수단이 될 수도 있다.

정치의 본질, 행정의 본질은 국민을 행복하게 하는 것이다. 이를 구체적으로 이루려면 국민의 아픔과 불만인 '민원'을 제대로 해결하는 데에 있다고 믿고 있다. 이것을 구현할 수 있는 기관이 국민의 고충민원 해결 주무부처인 국민권익위원회이다. 나는 국민권익위원장의 임기 동안 국민의 권익을 보호하기 위한 행정서비스를 구현하는 것에 좀 더 적극적으로 추진하고 싶었다. 하지만 윤석열 정부 마지막 임기 1년을 사퇴 압박 탄압 속에서 힘들게 보낸 탓에 많이 부족했다.

　대통령 선거 당시에 디지털 플랫폼 정부를 공약으로 내세웠던 여야의 후보 중 한 사람인 윤석열 대통령은 당선되어 현재의 대한민국을 이끌고 있다. 후보 때의 윤석열 대통령의 초심은 자신의 공약에 진심이었으리라. 정당과 철학, 지위의 높고 낮음을 떠나 우리 정치인의 목적은 반드시 국민의 행복이라야 하지 않을까? 윤석열 대통령도 자신이 공약으로 내세웠던 사안인 만큼 국민의 행복을 위해 제대로 된 디지털 플랫폼 정부를 꼭 구현해 주었으면 하는 바람이다.

# 3부

## 언제나 국민의 편, 변치 않는 국민바라기

(출처: 연합뉴스)

# 소명의식,
# 한계를 넘는 도전의 시작

## 바다의 딸, 세상을 보듬다

몇 해 전에 출간한 『살아가는 동안, 지치지 않도록』이라는 책에서도 밝힌 적이 있지만, 내 꿈이 시작된 곳은 통영이다. 1·4후퇴 때 흥남 부두에서 배를 타고 월남하신 아버지가 처음 정착한 곳이 통영이었다. 북한에서 월남하신 아버지와 부산 출신의 어머니 사이에서 태어난 나는 '동양의 나폴리'라 불리는 이곳 통영의 아름다운 바다와 함께 꿈을 키우며 자랐다. 중학교 3학년이 되던 해 어머니의 고향 부산으로 이사 가기까지 통영의 바다는 내게 미지의 세계로 나아갈 힘과 영감을 주는 원천이었다.

지금은 많이 변했지만, 어릴 적 내가 살던 동네에는 커다란 사철나무와 봄이면 붉은 꽃을 피워 올리는 동백나무가 많았다. 그 시절 나는 사철나무와 동백나무의 반질반질한 푸른 잎 사이로 멀리 바다와 크고 작은 섬들이 내다보이는 곳에 살았다. 꽃을 좋아하던 어머니의 야무진 손길은 집 화단에 계절별로 형형색색의 꽃을 피웠다. 집에서 조금만 외곽으로 나가면 언제나 그 자리에서 나를 맞이하는 바다와 갯벌은 어릴 적 내 고향의 상징이다.

그 시절 나는 자주 동네 친구들과 맨발로 갯벌에서 조개를 주우며 놀았다. 그러다 어머니 손에 이끌려 집으로 돌아가는 길에도 바다는 늘 반짝이며 그곳에 있었다. 여름밤이면 마당 평상에 누워 올려다본 밤하늘은 반짝이는 별들로 수놓인 은하수가 아름답게 펼쳐졌다. 통영에서 보낸 어린 시절의 추억은 이후 힘든 순간이 닥칠 때마다 내게 위로와 안식을 주는 어머니 품처럼 나를 달래 주고 있다.

그렇게 늘 엄마의 품 같은 바다가 나를 키웠다. 크고 넓은 마음으로 세상을 보듬으며 살라고, 바다는 늘 끊임없이 내게 말을 걸며 가르쳤다. 어른이 되어서도 물리적 거리만 멀어졌을 뿐, 여전히 바다의 속삭임을 듣는다. 몰아치는 파도가 거칠어도 바위섬처럼 굳건히 그 자리에서 버티라고. 또 견뎌 내라고. 그러고 보니 세상의 풍파를 온몸으로 견뎌 내는 내 모습은 바다의 선물이 아니었을까.

초등학교에 들어가기 전이었다. 친구들과 소꿉놀이를 하고 돌아가는 길인지, 갯벌에서 조개를 줍다 돌아가는 길인지 확실치는 않지만, 사철나무가 있는 집에 거의 다 올라갔을 즈음 처음 보는 낯선 사람을 발견했다. 덕지덕지 엉킨 머리에 계절을 잊은 옷가지를 여러 겹 껴입은 구부정한 몸의 할아버지였다. 몸에서는 안 좋은 냄새도 났다. 처음 본 모습이 너무나 강렬해서 지금도 또렷이 기억난다. 그 상태로 담장에 기대어 피곤한 듯 눈을 반쯤 감고 햇볕을 쬐고 있는 듯했다.

한편으로 무서웠지만, 퍼뜩 한 생각이 떠올랐다. '밥은 먹었을 까?' 신나게 놀다 살짝 배가 고파서였을까? 남루한 그의 행색을 보면서 그 생각이 먼저 들었다. 그리고 후다닥 집으로 뛰어 들어간 나는 수북하게 밥 한 그릇과 반찬을 퍼담아 할아버지에게 내밀었다.

반백 년도 훌쩍 지난 시절의 일이다. 당시에는 통영뿐만 아니라 대한민국 곳곳에 이런 분들이 많았다. 살림살이는 어려웠지만, 지금보다 훨씬 덜 각박하던 시절이다. 그 어린 나이에도 낯선 할아버지에 대한 두려움보다 안쓰러운 마음이 먼저였던 모양이다. 내 딴엔 할아버지가 밥을 안 드셔서 저렇게 쓰러진 듯 기대어 계신 거라고 생각했다. 그래서 부엌에 들어가 밥솥에서 밥을 한껏 퍼다 드린 것이다.

꼬마의 손에 들린 밥 한 그릇을 보며 할아버지가 무슨 말을 했는지는 기억나지 않는다. 하지만 허겁지겁 밥을 드시는 모습을 보며 내 작은 가슴에 햇빛처럼 따스한 기운이 스며드는 것을 느낄 수 있었다. 누군가를 도왔다는 안도감, 나의 작은 배려가 누군가에게 도움이 되어 함께 기뻐할 수 있다는 뿌듯함…. 그 시절, 그 할아버지가 한 끼를 해결하도록 도울 수 있어서 참 다행이라 여겼다. 그리고 그런 경험에서 나는 내가 누군가의 어려움을 해결해 주는 역할을 하고 싶단 생각이 자리 잡기 시작했던 모양이다.

아동문학가 정채봉 선생님의 책 『생각하는 동화』 속 이야기가 떠오른다. 예수가 마지막 만찬에서 사용했던 성배를 찾아 떠돌던 한 영주가 있었다. 그가 고생 끝에 성배는 찾지 못하고 귀향길에 올랐을 때 한 병자를 만난다. 그는 구걸하며 도움을 요청하는 병자에게 하나 남은 마른 빵을 잘라서 내어 주고, 허리에 찬 쪽박으로 물을 떠 주었단다.

"내가 당신을 돕는 것이 변변치 못해 미안하오. 하지만 이것이 내 전부인 것을 어찌하오."

그러자 갑자기 병자가 예수의 모습으로 변하며 이렇게 말했다고 한다.

"두려워 말고 들어라. 금잔을 찾으려고 아무리 헤매어도 소용이 없다. 샘물을 길어온 그 보잘것없는 쪽박이 나의 성배이다. 네가 떼어 준 빵이 나의 살이며 이 물이 내 피다. 가난하고 소외받는 이와 더불어 나누는 식사야말로 진정한 성찬이다."

이 이야기에서 굳이 종교적 의미를 부여할 필요는 없을 것이다. 하지만 가진 것이 있고 없고, 또 그것의 많고 적음을 떠나 가난하고 소외된 사람과 나누는 초라한 식사가 진정한 성찬이라는 말은 지금까지도 마음에 남아 있다.

"도움이 필요한 사람에게 먼저 손을 내밀어야 해."

어느 날 문득 신이 찾아오는 반짝이는 순간이 있다고 한다. 그로 인해 깨달음을 얻기도 하고, 삶이 달라지기도 한다. 앞으로의 삶에 의미 있는 방향을 갖게 되었다면, 그 순간 누구나 신과 마주했던 것은 아니었을까? 나보다 약한 누군가를 반드시 도와야 한다는 이 깨달음이 내 영혼에 각인되던 그 순간, 나도 분명 신을 만났던 것일지도 모른다.

## 내 인생을 바꾼 세 번의 결단, 그 첫 번째

국민권익위원장을 맡기 전에 나는 국회의원이었다. 그리고 국회의원이 되기 전엔 변호사였다. 그것도 그냥 변호사가 아니라 한 로펌의 대표변호사로, 굳이 따지자면 소위 잘나가는 변호사에 속했다. 변호사가 되기 전에는 늘 선호하는 직업으로 꼽히는 치과의사였다. 의사나 변호사들 모두가 그런 것은 아니겠지만, 나는 내 직업이 주는 안정감을 누렸고, 직업에서 오는 성취감도 컸다. 이렇게 살아도 평생 마음 편하게 잘 살 수 있는 환경이었다.

어릴 적부터 '도움이 필요한 사람에게 먼저 손을 내밀어야 한다.'고 생각하며 자랐던 어린아이의 꿈은 변호사였다. 법정에서 약자를 위해 변론하는 변호사. 가진 자들의 불법과 전횡을 날카롭게 파헤치며 법의 엄정함으로 억울한 피해자를 지키는 모습. 어릴 때 읽던 책에서 만난 변호사의 모습은 내게는 영웅이었고 가장 닮고 싶은 모습이었다.

하지만 부모님은 내가 의사가 되기를 간절히 바라셨다. 그 당시 여자가 사법고시에 합격한다는 것은 어려운 일로 여겼기에, 딸이 안정적인 직업을 얻으려면 무조건 의대에 가야 한다고 믿으셨던 모양이다. 학창 시절 항상 1등을 놓치지 않으셨다는 어머니는 어려운 집안 형편 탓에 대학을 포기하고 조폐공사에 취직하여 가난한 집안 살림을 거드셨다고 한다. 어머니는 자신의 못 이룬 꿈을 딸을 통해서 이루고 싶어 하셨다. 가난했던 시절이니 꿈을 포기하거나, 포기를 강요당한 여성이 어디 어머니뿐이었을까. 그런 어머니의 꿈을 외면할 수 없었고, 나 역시 어머니의 꿈을 이루어 드리고 싶었다.

어머니의 간절한 소망을 이룰 첫 번째 도전은 한 번의 실패를 딛고서야 이룰 수 있었다. 부산의 데레사여고에서 수석 졸업을 했지만, 예상치 못하게 첫 대학 입시에서 실패하였다. 내 인생의 첫 실패였다. 서울의 종로학원에서 재수를 한 이듬해 부산에서 여자 자연계 수석을 차지할 만큼 좋은 성적을 받았다.

당시 내가 받은 학력고사 성적은 내가 나의 꿈을 위해 그토록 가고 싶었던 서울대 법대에 충분히 갈 수 있을 정도였다. 당시는 입시에서 자연계에서 인문계로 전환하면 학력고사 점수에서 20점을 감점시키는 제도가 있었다. 하지만 감점을 하더라도 법대를 갈 수 있었다. 나의 내면에 많은 유혹과 갈등이 생겼다. 하지만 어머니의 얼굴이 떠올라 갈등을 삼켜야 했다. 모교인 데레사여고에 찾아가서 고3 담임 선생님과 면담하며 서울대 의대 입학원서를 작성했다.

눈이 내린 한겨울 관악은 온통 하얀 세상이었다. 따뜻한 남부지방에서 태어나 자란 나에게는 처음 보는 아름다운 풍경이었다. 정문부터 광활하게 펼쳐진 대로를 입학원서를 손에 들고 눈길에 미끄러져 비틀비틀 걸어가면서 여전히 머릿속은 복잡했다. 이 길로 법대로 원서를 접수하고 싶은 생각이 떠올랐던 것이다. 하지만 이미 학교에서 선생님이 작성해 준 원서는 의대 원서였기에 불가능했다. 어릴 적 꿈에 대한 미련을 버리지 못한 나는 원서 접수대 앞에서 계속 주춤거리며 갈등했다.

마침내 원서를 접수하려는 순간, 나는 인생에서 처음으로 아주 깜찍한(?) 반항을 시도했다. 담임 선생님과 대입 원서 1지망 칸에 '서울대학교 의과대학'이라고 적은 것을 입학원서 접수창구 앞에서 '의과대학' 앞에 '치' 자를 하나 덧붙여 '치의과대학'으로 지망을 바꾼 것이었다. 법과대학으로 지망을 바꾸고 싶었던 내 생각이 여의치 않자 몇 번을 망설인 끝에 결국 한 번도 생각지 못한 치의과대학으로 방향을 튼 것이었다.

아마도 부모님이 원하는 꿈보다 내가 원하는 꿈을 이루고 싶었지만, 결국 부모님이 원하는 방향으로 끌려온 나의 무력한 모습에 회의가 들었던 것 같다. 그렇다고 그동안 부모님께 대놓고 반항하는 것은 상상도 할 수 없던 시기였다. 그래서 결정적인 순간에 아무도 모르게 감행한 이 깜찍한 반항으로 집과 학교가 발칵 뒤집혔다. 학교로서는 내가 얻은 성적이면 합격은 당연했는데, 별안간 서울대 의과대학 합격생을 놓쳤으니 그럴 만도 했다.

그나마 다행인 건 어머니가 의외로 크게 실망하거나 화내지 않으셨다는 점이다. 모두가 놀라 나자빠지는 상황에 어머니는 혼자 체념하듯 나지막하게 말씀하셨다. "그래, 치과의사도 여자가 하기에는 안정적이고 좋은 직업이니까 괜찮아."

결국 나의 소심한 첫 번째 결단으로 새로운 인생의 문이 열렸다. 치의대생이 된 후로 평범한 대학생활을 이어갔다. 첫사랑도 만났고, 그 시대의 학생들과 마찬가지로 부조리한 현실에 분노하기도 했다. 졸업과 함께 무난히 국가고시에 합격해 치과의사가 되었고, 어머니의 바람처럼 안정적인 전문직 여성이 되었다. 첫사랑이었던 남편과 결혼을 하고 딸아이도 태어났다. 어머니의 말씀처럼 생활은 더할 나위 없이 안정적이었다. 페이 닥터였지만 적지 않은 보수를 받았고, 남편과 딸아이와 함께 행복한 시간을 보내고 있었다.


## 내 인생을 바꾼 세 번의 결단, 그 두 번째


그러나 행복한 삶 속에서도 나는 삶의 긴 여정에서 마치 목적지를 잃고 엉뚱한 길로 가고 있는 느낌이 들었다. 내 몸에 맞지 않는 옷에 몸을 구겨 넣은 기분이랄까. 자꾸만 내 안에서 사회적 약자를 대변하고 싶었던 어릴 적 변호사의 꿈이 점점 되살아났다. 남편의 사법고시 준비를 곁에서 거드는 동안 묻어 두었던 나의 꿈이 어느새 강렬해져 갔다. 몇 번을 망설인 끝에 결국 사법고시에 도전하기로 마음먹었다.

이과생으로서 생전 법이라곤 공부한 적이 없던 내가 사법고시에 도전하겠다고 하니 처음엔 모두가 말렸다. 불가능한 일이라고…. 시간 낭비하지 말라고…. 처음엔 오직 남편만이 나의 든든한 지원군이었다. 남편의 법학 책을 물려받고 자료들도 물려받아 문외한치고는 비교적 쉽게 공부를 할 수 있었다.

서울대 법대 출신이었던 남편이 먼저 사법고시에 합격하고, 나는 그보다 2년 늦은 1996년에 합격했다. 2년 6개월 만에 얻은 기적과도 같은 두 번째 도전이 결실을 맺은 것이다. 1999년, 마침내 사법연수원을 수료하고 꿈에 그리던 변호사가 됐다. 사상 최초의 치과의사 사법고시 합격, 서른 넘은 나이의 아이 엄마이자 주부였던 내가 드디어 어릴 적 꿈을 이루었다. 감격의 순간이었다.

'최초의 치과의사 출신 사법고시 합격자'라는 타이틀이 신기했던지 여러 언론이 연일 나에게 인터뷰를 요청해 왔다. 그때마다 나의 사연은 대서특필되었다. 변호사가 된 이후에도 언론에서 집중 조명을 받았다. 당시 젊은 여성 전문직 인사 영입에 눈독을 들이고 있던 정치권에서도 나는 주요 스카우트 대상이었다. 실제 총선을 앞둔 여야 정치권에서 영입 제의를 여러 번 받았다. 하지만 어릴 적 꿈인 변호사가 이제 현실이 된 상황에서 정치는 전혀 나의 선택지가 아니었다. 한 번도 꿈꾸지 않았던 정치권의 영입 제의는 정중하지만 단호하게 거절하였다.

여러 대형 로펌에서 스카우트 제안이 들어왔지만 나는 작은 의료전문 법률사무소를 택했다. 내가 전공한 의학을 변호사를 하면서도 살리고 싶어서였다. 의료 분야 사건은 그때나 지금이나 법조계에서는 어려운 소송이다. 그런 점에서 나는 다른 법조인보다 의학 전문지식을 갖추고 있어 훨씬 빠르고 정확하게 사건의 핵심에 다가갈 수 있었다. 덕분에 수행하는 의료소송에서 대부분 승소하며 의료소송 분야의 떠오르는 샛별로 부상했다. 그렇게 오랜 꿈이었던 변호사가 된 후 내 인생에 더이상의 도전은 없을 줄 알았다. 내 삶의 방향을 바꿀 운명적인 사건을 조우하기까지는….

2000년 나는 개인법률사무소를 열었다. 최초의 치과의사 출신 변호사로서 의료소송에서의 잇단 승소로 유명세를 타다 보니 나의 사무소에 소송 의뢰가 줄을 이었다. 변호사가 되어서도 어릴 때처럼 도움이 필요한 사람에게 먼저 손을 내밀어야 한다는 생각에는 변함이 없었다. 가난으로 이중삼중의 고통을 받는 사람에게는 무료 변론도 마다하지 않았다. 그렇게 나 자신의 안정적 삶에 안주하지 않고 누군가에게 도움이 되는 삶을 살 수 있다는 사실에 그저 감사했고, 보람과 행복을 느꼈다. 그렇게 시간이 2년 남짓 흘렀을 때, 운명은 나를 새로운 도전으로 나아가도록 이끌었다.

어느덧 2002년 10월의 어느 날 한 의과대학 교수가 나의 법률사무실로 찾아왔다. 휴일인 하루 전날 전화를 해서 "이 사건은 전현희 변호사님이 꼭 맡아 주셔야 합니다. 대한민국에서 오직 한 분 전현희 변호사님이어야 합니다."라고 다급하게 전화를 해 왔던 분이었다. 사연인즉슨 발표 후 국내외에서 호평을 받은 그의 논문 내용을 문제 삼아 국내 거대 제약회사 N사에서 명예훼손으로 고소를 해 왔다는 것이었다. 10억 원이나 되는 엄청난 고액의 손해배상 청구소송이었다.

그 교수는 자신이 발표한 논문에서 혈우병 환아(患兒)들이 N사가 만든 혈액응고제를 주사 맞고 에이즈에 집단 감염되었다고 밝혔는데, 그 내용을 제약회사가 문제 삼은 것이었다. 반드시 내가 그 사건을 맡아야 한다는 교수의 간절한 요청에 결국 나는 사건을 수임하게 되었다. 사건을 맡아 진행하면서 교수의 명예훼손 사건의 발단이 된 에이즈에 감염된 혈우병 환아들과 그 가족들의 소식이 궁금해졌다. 청천벽력 같은 일을 당한 그들은 법의 도움을 받았을까? 그 의대 교수에게 부탁하여 환아들과 가족들을 만나고 싶다는 뜻을 전하며 도움을 요청했다.

그 이후 이 사건은 전혀 예상치 못한 방향으로 흘러갔다. 얼마 후 수십 명에 달하는 아기를 안은 부모들이 나의 법률사무소에 두려운 시선을 나누며 둘러앉았다. 천형이라는 에이즈에 감염된 아기들 때문에 그동안 누구에게도 억울함을 호소하지 못하고 숨죽인 채 살아가고 있었다. 그러니 이들은 법적 배상은커녕 자신들의 억울함을 털어놓지도 못하고 있었다. 처음으로 한자리에 모인 이들은 그동안의 속앓이로 눈물을 쏟아 냈다. 하지만 법적 소송은 엄두도 내지 못했다. 만약 소송을 하면 아이들이 에이즈에 걸린 사실이 외부에 알려질 테고, 그렇게 된다면 우리 사회의 차별적 시선에 노출될 것이 두려웠다. 또한 사실상 치료제를 독점하고 있는 거대 제약회사와 싸웠을 때 혹시 아이들에게 불이익이 있을지 모른다는 생각에 부모들은 소송을 하자는 제안을 거절했다.

그러나 내 눈앞에 드러난 이 억울하고 불의한 사건을 나는 도저히 외면할 수가 없었다. 나는 부모님들의 우려를 충분히 이해하는 터라, 다음과 같이 진심을 담아 말씀드렸다. "소송 도중 여러분이나 아이의 신분이 드러나지 않도록 철저히 보안을 유지하겠습니다. 변호사 선임 비용도 받지 않겠습니다. 변호사인 내가 모든 것을 알아서 할 테니 부모님들은 단지 변호사 위임계에 도장만 찍어 주시고, 집에서 지켜보시기만 하면 됩니다."

처음에는 두려움에 주저하였던 부모들도 결국엔 나의 간곡한 설득에 마침내 소송을 승낙하였다. 해당 가족을 포함하여 피해자만 백여 명에 달하는 큰 소송이었다. 몇만 장이 넘는 환자들의 의료 기록을 매일 하나하나 꼼꼼히 확인하고 살피는 데만도 1년 가까운 시간이 걸렸다. 거대 제약회사는 치료제와 아이들의 에이즈 감염과는 아무런 인과관계가 없고, 자신들의 책임 역시 없다고 철저한 부정으로 일관했다. 답이 보이지 않는 미로 같은 시간이었다.

관련 기록들을 정리하여 1년 만에 제약회사의 책임을 묻는 소장을 준비하여 법원에 제출하였다. 과연 예상한 대로 거대 로펌에서 사건을 수임하여 부장판사, 법무부 장관 출신 등의 전관들이 포진한 변호인단과 맞서게 되었다. 갓 변호사가 된 초짜 여성 변호인이 맞짱 뜨기에는 너무나 거대한 상대였다. 마치 다윗과 골리앗의 싸움을 연상시켰다.

그러나 이대로 굴복할 수는 없었다. 진실을 밝히는 데 도움을 얻고자 수차례 걸쳐 국회에 찾아가 호소도 했다. 그러나 아무도 도와주지 않았다. 관심은커녕 냉담하고 싸늘한 반응만 돌아왔다. 국회의원들은커녕 보좌진들도 만나기 어려웠다. 설령 만났더라도 진정성 있게 사건의 진상에 관심을 가지는 이는 아무도 없었다.

나는 변호사로서 할 수 있는 최선을 다했음에도 역부족임을 느

졌다. 그리고 그동안 여러 정당으로부터 숱한 영입 제안을 받으면서
도 고사했던 정치의 중요성을 새삼 느끼게 되었다. 법을 만드는 국
회의원이 된다면, 어려운 처지에 놓인 사람들에게 더 큰 도움을 줄
수 있을 테니까. 이렇게 생각지도 못했던 내 인생의 세 번째 도전을
시작하게 되었다.


## 내 인생을 바꾼 세 번의 결단, 그 세 번째


혈우병 소송의 1심에서는 혈우병 환아들의 집단 에이즈 감염과
혈우병 치료제의 인과관계를 인정받고 승소했다. 그러나 이에 불복
한 제약회사의 항소로 2심 재판이 시작되었다. 제약회사는 2심에서
는 반드시 이기려고 작정한 듯 더 강력한 거대 로펌의 전관 변호사
들을 선임하였다.

1심에서는 몇 년간에 걸쳐 치열하게 법적 논리와 의학적 논리를
따지면서 법적 쟁송을 벌였으나, 2심에서는 정말 이해되지 않을 정
도로 단시간에 판결이 내려졌다. 참으로 기이하게도 치열했던 1심
과는 달리 2심에서는 법정에서 쟁점에 관한 제대로 된 법적 다툼도
없이 소송이 제기되자마자 마치 기다렸다는 듯이 일방적으로 나의
패소 결정이 내려졌다.

도저히 수긍할 수 없는 절차와 결론이었다. 아마도 주심 판사와

함께 근무했던 전관 부장판사 출신 변호사의 입김이 작용한 것 아닌가 하는 생각이 들었다. 이것이 바로 말로만 듣던 전관의 힘인가? '그래도 세상은 공정하고 정의로울 것'이라는 나의 믿음이 흔들리는 순간이었다. 그때까지의 나는 사실상 온실에서 평온하게 살면서 불의하고 불공정한 세상을 직접 직면하지는 못하고, 내 주위에 있는 세상의 밝은 면만 접하고 살았었던 것 같았다. 처음으로 내가 직접 직면한 불의한 세상의 단면이었다. 분노가 치밀었다.

2심에 어이없이 패소하자 이대로 주저앉을 수는 없다는 생각이 들었다. 곧장 대법원에 상고장을 제출하였다. 그리고 그동안 전혀 관심이 없었던 정치를 떠올렸다. 소송하는 동안 이 사건의 진상을 세상에 알리기 위해 국회의원들의 관심과 국정조사 등을 통한 진상규명을 촉구하며 국회를 찾아다녔던 기억이 떠올랐다. 마침 18대 총선이 시작되고 있었다. 항소심에서 패소하고 무력감에 빠져 있던 터였다. 상고장은 제출했지만 전관 변호사의 위력에 대법원이 정의로운 판결을 내려 줄 것인지는 회의가 들었다. 뭐라도 방법을 찾아야만 했다. 고민 끝에 결심했다. "그래, 국회로 가자!"

그리고 인터넷 홈페이지에서 비례대표 신청서를 다운로드 받아 작성하여 난생 처음 당시 민주당 당사를 찾아가 제출하였다. 민주당 공천심사위원회에서 비례대표를 발표하던 당일 별다른 기대 없이 집에서 뉴스를 보고 있었다. 그런데 TV에서 내가 7번으로 비례대표 후보가 되었다는 뉴스가 발표되었다. 내가 변호사로서 직면한 불의한 세상에 분노하면서 세상을 바꿀 수 있는 또 다른 도전이자 선택지가 정치였다. 그러나 정치권에 별다른 인연이 없었던 내가 갑자기 국회의원으로 당선되는 것이 믿기지도 않는 일이었지만 나에게 다가온 새로운 소명에 마음이 무거워졌다.

"축하드립니다. 많이 기쁘시죠?"

2008년 처음으로 18대 국회에 비례대표로 입성했을 때, 주변 사람들은 하나같이 내게 이렇게 인사를 전했다. 축하를 전하는 분들에게 일일이 미소 띤 얼굴로 고개 숙여 인사를 전했지만, 사실 나는 아주 기쁘지만은 않았다. 오히려 앞으로 내가 짊어져야 할 짐을 생각하며 부담스럽기까지 했다. 불과 얼마 전까지도 나는 정치인이 될 생각이 없었으니까. 아니 단 한 번도 정치인을 꿈꾼 적이 없었으니까. 그러니 이렇듯 예상치 못한 방향으로 인생이 전환되는 순간이 나에게 마냥 기쁠 일은 아니었던 셈이다.

"기쁨을 누릴 이유가 없습니다. 내 안녕과 영달을 위해 한 도전이 아니었거든요. 일하기 위해, 필요해서 얻은 자리입니다. 기뻐할 이유가 없습니다."

그렇다. 마냥 기쁘지는 않았다. 변호사로서 한계를 넘어서고자 했던 도전이 성공한 것이라 오히려 어깨가 무거워졌다. 시간을 거스를 수는 없지만, 다시 비례대표로 18대 국회의원에 당선된 날로 돌아가도 같은 대답을 할 것이다. 국회의원, 정치인이라는 위치는 내게 그런 자리다. 부당한 일에 맞서 약자를 돕고, 정의를 위해 불의와 싸울 더 큰 힘을 얻는 자리…. 그 이상도, 그 이하도 아니다.

## 국민의 공복이 가져야 할 낮은 자세

눈높이를 맞춘다는 말이 있다. 마주 보는 것이 아니라 같은 곳을 바라본다는 말도 있다. 어른이 어린이의 눈높이로 눈을 맞추고, 내가 타인과 함께 같은 곳을 바라본다는 것이 소통의 시작이다. 치과의사로 사회생활을 시작하고 변호사로 살았던 내가 하루아침에 국민의 공복이라는 눈높이로 세상을 바라본다는 것은 마냥 쉬운 일은 아니었다. 지금까지 사회적 약자를 위해서 노력하고 봉사와 헌신을 중요한 가치라 여겼지만, 실제 나의 삶은 나와 가족의 안정과 행복에 집중했던 것 또한 부인할 수 없는 사실이다.

정치인이 되었고, 더군다나 민의를 대변하는 국회의원이 되었으니 나 자신을 바꿔야 했다. 마음가짐과 자세가 허구가 아니라 정말 진정성 있게 공복의 자세를 가져야 했다. 그것이 국회의원으로서 국민에 대한 최소한의 예의라고 생각했다. 말로만이 아니라 실제로 국민의 곁으로 한 걸음 더 다가서기로 했다.

국회의원에 당선되고 가장 먼저 한 일은 지금까지 내가 누려 온 삶의 풍요를 덜어 내는 일이었다. 잘나가는 로펌의 대표변호사가 누리던 풍요는 꽤나 상당했다. 개인비서와 운전기사가 딸린 고급 외제

차와 강남의 유명 백화점의 VIP 고객으로서 누리던 호사도 내려놓기로 했다. 옷장 안의 명품 옷과 가방, 골프장 회원권과 고급 레스토랑에서의 식사도 국민의 곁에 선 나에겐 어울리지 않는다고 판단했다. 아쉽지 않았던 것은 아니나 미련은 없었다. 백화점 대신 동네 상설할인점과 동대문시장 아니면 홈쇼핑을 이용하기 시작했다. 이렇게 구입한 것들이 제법 편하고 잘 어울리는 것 같아 주변에서도 썩 잘 어울린다는 얘기를 들었다.

누군가는 꼭 그렇게까지 해야 하냐고 물었다. 또 어떤 사람은 국회의원이 되고 환심을 사기 위한 일종의 '척'이 아니냐고도 했다. 어쩌면 그렇게 생각하는 것이 당연할지도 모른다. 그러나 이것은 주위의 시선을 고려해서 한 행동이 아니었다. 나에게 부끄럽지 않고 나를 속이지 않는 정직한 사람이 되고 싶어서 그랬을 뿐이었다. 내가 생각하는 국회의원은 국민을 섬기는 공복이어야 했기에 나를 속이지 않고 그에 걸맞게 실천하고 싶었다.

고급 아파트에서 명품 옷을 두르고, 기사 딸린 자동차만 탔던 사람이 하루하루가 어려운 서민들의 삶을 이해하기는 절대 쉬운 일이 아닐 것이다. 선거철이 아니라 평소에 직접 시장에 가서 장을 본 적은 있을까? 지옥철 출퇴근길 대중교통을 타면서 시민들과 함께 부대껴 본 경험이 있을까? 현장에서의 경험이 없다면, 아무리 물가가 올라도 국민의 고통이 커져도 정치인들은 실제 체감하지 못할 것이다.

국회의원 시절 대부분의 SNS 팔로워들이 국민의 소리를 경청하고 정책적 행보를 하는 나에게 호의적이었지만, 일부는 정치 현안에 비판의 목소리를 크게 내지 않는다며 날 선 비판을 하기도 했다. 그럴 때 나는 이렇게 대답했다. "저는 국민의 여론을 통해 듣고, 국민의 뜻에 따라 법과 정책을 만들어 가는 묵묵하게 실천하는 정치인이 되고 싶습니다."

정치인은 국민에게 고용된 사람이니까. 귀를 기울이지 않으면 고용주인 국민이 무엇을 원하는지 헤아리기 어려우니까. 그러니까 조금이라도 더 듣고 그 뜻을 헤아려 실천하는 정치인이 되려고 했다. 국민 곁에서 같이, 함께하는 정치인. 그들의 아픔과 고통을 헤아리고 이해하기 위해 소통하는 정치인. 국민의 아프고 가려운 곳을 법과 정책으로 구현해 내는 정치인 그런 정치인이 되고자 했다.

정치인은 국민에게 고용된 사람, 귀를 기울이지 않으면 고용주인 국민이 무엇을 원하는지 헤아리기 어렵다. 그래서 늘 조금이라도 더 듣고 그 뜻을 헤아려 실천하는 정치인이되려고 했다.

# 모두가 행복한
# 세상을 위한 싸움

## 5월의 아름다운 신랑이 된 그때 그 아이

정치인이 되고부터 청첩장을 자주 받게 되었다. 그때마다 일일이 찾아가 축하하고 싶어도 바쁜 일정 때문에 마음처럼 자주 다니진 못했다. 그러다 반가운 소식을 전하는 청첩장 중에서 낯설지 않은 이름을 발견한 적이 있다.

5월의 어느 날에 날아온 기쁜 소식은 아주 특별했다. 설마하는 마음으로 봉투를 열자, 반가운 이름이 보여서 나도 모르게 얼굴 한 가득 엄마 미소가 번졌다. 단순한 기쁨 그 이상의 복합적인 감정이 소용돌이처럼 나를 감싸며 두 눈 가득 눈물이 차올랐다. 혈우병 소송 10년, 힘들 줄 알면서도 사명감과 정의감으로 버텨 낸 그 시간을 그때 그 아이도 지금껏 훌륭하게 견뎌 내며 살아 냈구나 싶었다. 감사하고 또 감사했다. 사는 것이 아닌, 살아 내야만 했던 불행을 딛고 일어섰을 청년의 용기에 자꾸만 '감사하다'는 혼잣말이 나왔다.

그동안 잘 지냈는지, 결혼식장에서 멋진 신랑과 안부를 물으며 몇 마디 인사를 주고받았다. 청년은 자신이 에이즈 환자인 것을 대학에 들어가서야 알았다고 했다. 부모는 차마 어린아이가 에이즈에 걸렸다는 사실을 알리지 못했다. 부모가 어린아이에게 매일 주던 에이즈 치료제가 청년은 당연히 혈우병 치료제일 거라 여기고 복용했다. 어른이 되어 마침내 알게 된 참혹한 현실에 사랑마저 포기하고 헤어지려 했다는 청년은 운명을 함께 이겨 내는 사랑을 택한 아름다운 그녀와 마침내 결혼을 하기로 했다. 결혼식장에서 버진로드를 함께 걷는 두 사람을 지켜보며 무엇이 진정한 사랑인지, 사랑은 가혹한 운명도 이겨 낼 힘을 준다는 것을 다시 한번 깨달았다.

결혼식장에서 아름다운 신부와 함께 당당하게 멋진 신랑이 된 그때 그 아이, 그 모진 편견과 고통을 이겨 내고 당당히 주인공으로서 사회에 첫발을 내딛는 자리였다. 믿어지지 않을 만큼 훌륭하게 성장한 그의 모습에 나는 10년이 아니라 100년의 고통이라도 순식간에 지워질 기쁨과 보람을 느끼며 신랑의 손을 붙잡고 뜨거운 감동의 눈물을 흘렸다.

정말 아주 가끔, 진실이 가혹하게 운명을 흔들 때가 있다. 청년이 어린 소년이었을 때가 그랬다. 에이즈가 뭔지도 몰랐을 어린 나이에 혈우병을 치료하기 위해 맞았던 치료제로 인해 소년은 에이즈 환자가 됐다. N제약회사에서 혈액응고제를 만들 때 그 재료로 쓰인 혈액에 에이즈 감염환자의 혈액이 섞여 있던 것이었다. 그로 인해 혈우병 치료제를 주사 맞고 에이즈에 집단 감염된 혈우병 환아들…. 많은 이들의 운명을 벼랑 끝으로 내몰았던 진실이었다.

만약 대학을 졸업하고 공중보건의로 근무하던 한 의대 교수가 관심을 가지지 않았다면 세상에 알려지지조차 않았을 것이다. 당시 국립보건원 에이즈과에서 근무한 교수는 6개월마다 혈우병 환자들의 혈액을 채취해 검사하고, 직접 만나 상담하는 업무를 했다. 그런데 1990년부터 미심쩍은 정황이 나타나기 시작했다. 처음엔 한 명이었던 에이즈 감염자가 점차 늘어나더니, 1992년엔 아예 무더기로 감염자가 발생한 것이다.

후천성면역결핍증인 에이즈는 1980년부터 보고되기 시작했다. 당시 세계 의학계는 원인을 전혀 파악하지 못했고, 치료제 또한 없어서 속수무책으로 결국 죽음에 이르게 되는 질병이었다. 급기야 에이즈에 대한 경각심을 부추기겠다는 의도로 죽음이 임박한 환자들의 투병 모습이 공개되면서 '20세기의 흑사병'이라며 공포의 대상이 됐다.

에이즈는 혈액에 의한 감염으로 전염된다. 에이즈에 대한 공포가 극에 달하던 시기에 에이즈 환자가 사용한 주사기 바늘에 찔린 의료진이 절망하던 모습이 드라마에 등장하던 이유가 이 때문이다. 그런데 일반인들은 마약을 사용하지 않는 이상 주사기를 지닐 이유가 없으므로 혈액으로 감염될 이유가 거의 성접촉뿐이었다.

에이즈에 대해 이 정도만 알아도, 의사가 아닌 일반인들조차 혈우병 아이들이 에이즈에 걸린 상황을 이해하기 어려울 것이다. 어린아이들이 에이즈에 집단 감염된 것은 혈액으로 만든 혈우병 치료제 외에 달리 설명할 길이 없었다. 당시 내가 파악했던 에이즈 감염자는 모두 18명, 그들 중 일부는 성인이었지만, 다수가 성접촉이 전혀 없는 어린아이들이었다. 또한 이들은 모두 N사의 혈우병 치료제인 혈액응고제를 주사로 맞았다는 공통점이 있었다.

혈액응고제는 타인의 혈액에서 채취한 혈장으로 만들어진다. 과연 무엇이 이 어린 혈우병 환아들을 집단으로 에이즈에 걸리게 했을까? 제약회사는 부인했지만, 의학적으로든 법률적으로든 답은 너무나 분명해 보였다. 그러나 세상은 진실을 외면했다.


십 년간의 법정 투쟁, 반드시 밝혀지는 진실의 힘


1992년 뒤늦게 정부가 심각한 상황을 인지하고 보건사회부와 국립보건원이 중심이 되어 다수의 전문가가 참여한 '혈액제제안전성위원회'를 구성했다. 공중보건의로 근무 중인 J교수도 함께였다.

그런데 이들에겐 혈우병 환자라는 것 외에도 아주 중요한 공통점이 있었다. 수입에만 의존하던 혈액응고제 대신, 국내 N사가 최초로 개발한 제품을 투여받았다는 사실이다.

엄밀히 말한다면, 진실을 밝힐 의무는 국민의 편에 서야 할 국가의 몫이었다. 하지만 정부의 조사위원회는 피해자들의 혈액으로 염기서열을 분석하는 과학 조사조차 하지 않았다. 직접 대면도 하지 않은 채 전화로 질문 몇 가지 던지는 식의 조사가 전부였다.

"현재까지의 조사 결과 감염 원인은 수혈에 의한 것은 아닌 것으로 추정되며, 혈액제제에 의한 것으로 판단되나 감염원에 대한 결론을 내리기 어렵다."

'술은 마셨지만, 운전은 하지 않았다.'고 했다던가. 조사기관이 밝힌 최종 결과의 요약 내용은 너무도 실망스러웠다. 오늘에야 문득 몹쓸 기시감에 사로잡혀 그때의 무책임했던 정부의 조사 결과가 새삼 분노를 일으킨다. 보호해야 할 국민에게 진실을 덮고 아무도 책임지지 않았던 그 상황은 현시대에도 몇 번이나 목도한 익숙한 모습이지 않은가. 아무것도 모르는 아이들이 성접촉도 없이 에이즈에 걸리는 참담한 운명으로 고통받는데, 집단 감염의 원인이 혈액제제에 의한 것으로 보이지만 감염원은 모르겠다는…. 정말 앞뒤가 맞지 않는 이상한 발표였다. 그러기를 10년, 진실이 그렇게 묻힐 줄 알았다.

적어도 감추고 싶었던 사람들은 분명 그랬을 것이다.

그러나 때때로 진실로 향하는 길이 뜻밖의 시공간을 뛰어넘어 이어지곤 한다. 공중보건의를 전역한 J교수가 당시의 혈우병 환자를 포함하는 에이즈 환자들의 혈액 샘플을 연구 목적으로 보관하다 새로운 사실을 발견하게 된 것이다. 에이즈 감염 혈우병 환자 18명의 에이즈 바이러스에서 유의미한 상관관계를 알게 된 J교수는 이를 연구한 내용이 담긴 논문을 미국 유력 의학지에 발표했다. 한국 최초로 에이즈 바이러스 염기서열을 분석해 혈우병 에이즈 감염자들과 오염원들 간에 유전자 상동성이 인정된다는 내용이었다. 즉, 혈우병 환자들의 에이즈 감염 원인이 N사의 혈액응고제 제조에 사용된 감염자들의 에이즈균 때문이라는 취지다.

학계는 뜨거운 반향을 일으켰고, N사는 명예훼손을 당했다며 10억 원이라는 거액의 손해배상을 제기했다. 2002년 10월, J교수가 도움을 요청하며 나를 찾은 것은 그 때문이었다. 아무런 의학 지식이 없었다면, 이 엄청난 사건의 인과관계를 파악하는 것조차 어려웠을 테지만, 의사 출신인 내가 사건의 모든 내용을 전해 듣고 진실을 파악하는 것에 그리 많은 시간이 필요하진 않았다.

N제약회사와의 긴 싸움은 그렇게 시작됐다. 누구보다 내가 해야만 한다고 나섰다. 그냥 하는 거라고, 옳은 일이니까 당연히 해야만 하는 거라고, 나 자신을 다독이며 이를 악물었다. 에이즈 환자라는 사실을 세상에 알리기 두려워하는 피해자들을 수소문해서 소송을

독려하면서도 그들이 느꼈을 억울함과 원통함에 가슴이 저렸다. 그 동안 아무도 도와 주지 않았던 사실에 불신과 두려움이 컸던 피해자와 가족들의 마음을 여는 일조차 쉽지 않았다. 갑자기 에이즈 환자가 되어 버린 현실에 좌절한 한 청년은 기도하는 법조차 잊었다며, '살아있어도 산 게 아닌데 죽게 해 달라고 기도할 수는 없지 않냐.'며 내 앞에서 흐느끼기도 했다.

"내 아이만 그런 줄 알았어요. 내 아이만…. 이렇게 많은 아이들이 같은 고통을 당하고 있는 줄 정말 몰랐어요." 초등학생 아들이 에이즈 환자인 사실을 그보다 어린 동생에게 말하지 못했던 엄마는 절규했다. 형편상 한방을 쓰게 하고 있다는 엄마는 동생에게 형의 에이즈가 전염될까 두려워하고 있었다. 하지만 소송해서 책임을 묻고 싶은 마음보다, 거대 제약회사를 상대로 맞서 싸워 어떻게 이길 수 있을까 두려웠던 피해자들은 변호사 비용마저 부담스럽다고 했다.

"걱정하지 않으셔도 됩니다. 변호사 선임료는 받지 않겠습니다." 처음부터 변호사 선임료를 받을 생각이 없었다. 나는 나의 일, 약자의 편에서 힘이 되어 불의와 싸우는 일을 해야 한다고 생각했을 뿐이다. "제가 해야만 할 것 같아서 그렇습니다. 솔직히 말씀드리면, 제가 하지 않으면 못 견딜 것 같습니다. 말도 안 되는 이 상황을 변호사로서 도저히 그냥 지나치지 못하겠습니다."

누군가는 나의 말에 기뻐했고, 누군가는 소송을 하면서 세상에 알려져 에이즈 환자라는 사실이 노출될까 두려워 긴장했다. 나는 그들 모두의 신상 정보를 노출하지 않고 소송을 진행하겠다고 약속했다. 더이상 이들을 울리지 않겠다고, 나를 꼬옥 끌어안고 울음을 터뜨린 어머니를 감싸며 다짐하고 또 다짐했다.

2003년 2월 28일 혈우병 에이즈 환자 16명과 가족을 포함한 총 69명을 대리한 손해배상 청구고송을 신청했다. 그로부터 2년 6개월 만인 2005년 7월 1일, 드디어 1심에서 승소했다. 판결에 불복한 N제약회사는 즉각 항소했고, 2008년 1월 10일 2심 판결에선 패소했다. 판사의 최종 판결이 이루어지는 순간, 법정 가득 N제약회사 임직원의 환호와 웃음소리가 터져 나왔다. 사무실로 돌아와 눈물을 흘리며 상고이유서를 쓰는 동안에도 환청이 되어 내 귀를 때리며 괴롭혔다.

상고장을 제출하면서도 참담한 현실에 좌절하였다. 그렇게 변호사로서의 한계를 절감한 나는 새로운 방법을 찾아보고자 정치에 입문했다. 그로부터 국회의원이 된 지 4년, 임기를 마치기 직전 그때까지도 대법원에서는 아무런 결론이 없었다. 사건을 접하고 소송을 시작한 지 10년, 혈우병 환자들이 에이즈에 감염된 지 20년. 이제 대법원에서도 부인되면 더이상 이 사건의 진실을 밝힐 기회는 없었다. 진실이 승리할 것이라는 간절한 마음으로 마지막 대법원의 선고를 기다렸다.

"혈우병 환자들이 치료제를 투여받기 전에 에이즈 감염을 의심할 만한 증상이 없었고, 치료제를 투약한 이후에 에이즈 바이러스에 감염됐다는 사실을 확인했다. 역학조사 결과에서도 N사의 치료받은 혈우병 환자는 문제가 된 약을 사용하지 않은 환자에 비해 에이즈 감염 확률이 통계적으로 유의미하게 높았다."

대법원에서 N사의 혈우병 치료제와 환자들의 에이즈 감염의 인과관계를 법적으로 인정하는 판결을 선고하였다. 드디어 숨겨졌던 불편한 진실이 드러나고 인정받는 순간이었다. 2003년 정의감에 불타는 초짜 여성 변호사가 홀로 시작했던 외로운 소송이 대법원의 판결로 결국 진실을 밝힌 것이다. 사필귀정이었다.

첫 번째 국회의원 임기를 마치고 변호사로 돌아온 나는 대법원이 고등법원에 파기환송한 사건을 다시 진행했다. 파기환송심에서 에이즈 환자의 혈액으로 제조되어 에이즈 바이러스에 오염된 혈액 응고제가 혈우병 환자들을 에이즈에 감염되게 했다는 대법원의 인과관계 인정 판결을 N사는 아무리 전관으로 무장해도 뒤집을 수는 없었다. 나는 제약회사의 과실을 명확하게 법적으로 인정하는 손해배상 판결을 받고 싶었다. 그러나 사건이 발생한 지 20여 년이 지난 상황에서 소멸시효라는 한계에 부딪혀 주심 부장판사의 고뇌에 찬 조정 결정을 결국 양측이 수용하였다. 그렇게 나의 십 년간의 법적 투쟁은 마무리되었다.

2019년 10월, 나는 피해자들을 효율적으로 구제할 방안인 '가습기 살균제 피해구제 특별법 개정안'을 발의하여, 이듬해 3월 법안이 본회의에서 통과되어 공포됐다.
(출처: 연합뉴스)

# 가습기 살균제, 사회적 참사를 증언하다

18대 국회 보건복지위원회 위원으로 일하던 시절, 전 국민을 불안하게 만든 집단적 참사에 다시 맞닥뜨리게 되었다. 이번에는 가정에서 흔히 사용하던 가습기 살균제가 주원인이었다. 무심코 사용하던 가습기 살균제가 폐섬유화를 일으켜 많은 사람이 불치병 환자가 되었거나 사망에 이르게 된 것이었다.

심각성이 드러나기 시작한 2011년 4월경이었다. 그 이전에도 피해자들은 자신이 왜 죽음에 이르는 질병에 걸렸는지 그 이유조차 모른 채 세상을 떠나기 시작했다. 정부와 언론도 진상을 규명하지 못하고 외면하는 사이에 피해자는 점점 늘어 갔다. 2006년에도 이미 비슷한 사건으로 많은 피해자가 발생했지만, 당시에도 정확한 원인을 파악하지 못했다. 그러다 한 의사가 자신의 병원 소아과에서 어린 폐질환 환자들이 대거 발생하자 사태의 심각성을 깨닫고, 동료 의사들과 조사한 끝에 전국 곳곳에서 유사 환자들이 있다는 사실을 확인하게 되었다.

하지만 그때까지도 역학조사는 이루어지지 않았다. 의료진이 논문을 통해 집단으로 발생하는 폐질환 사례를 알렸지만 아무런 진전이 없었다. 결국 서울의 한 대형병원에서 똑같은 증상으로 고통받는 폐질환 환자가 몰린 2011년 4월 말이 되어서야 질병관리청의 역학조사가 시작됐다. 범인은 '가습기 살균제'였다. "아이에게도 안심"

이라고 라벨에 버젓이 써 놓은 거의 모든 가습기 살균제가 국민을 살상하는 독이었던 것이었다. 하지만 정부와 언론은 이를 제대로 국민에게 알리지 않았다. 그렇게 거대 기업들의 제품이 연관된 이 사건의 진실이 세상에 제대로 알려지지 않은 채 덮이는 듯했다.

어느 날 나는 한 의사로부터 연락을 받았다. 모 대학병원의 의사라고 신분을 밝힌 그는 자신이 근무하는 병원에서 심상찮은 폐질환 환자들이 몰려드는데 그 원인이 가습기 살균제로 추정된다고 했다. 그러고는 국회에서 진상을 밝혀 달라고 했다.

순간 머리가 멍해졌다. 불과 몇 해 전 내가 국회의원을 찾아다니며 혈우병 환아들의 에이즈 집단 감염에 대한 진상을 밝혀 달라며 절박하게 외치던 나의 모습과 겹쳐 보였기 때문이다. 그 당시 국회에서 나의 외침이 외면당할 때 느꼈던 좌절감도 함께 떠올랐다. '그래, 나는 바로 이런 일을 하기 위해 국회의원이 되었던 거지.' 머리를 털고 일어나 보좌진들과 함께 즉각 사실관계 파악에 나섰다. 2011년 10월 18대 국회의원으로서 마지막 국정감사가 곧 다가오고 있을 때였다.

인체에 유해할 수 있는 가습기 살균제 성분에 대해 당시 국가기관인 식품의약품안전청(식약청)에서 안전성 관리 감독을 제대로 하지 않고 시중에 유통시킨 것은 명백한 직무유기였다. 게다가 피해 사실과 원인이 밝혀졌는데도 가습기 살균제는 버젓이 시중에서 판매되고 있었다. 이에 따라 피해자들은 계속 생겨나고 있었다.

하지만 아무도 나서서 문제점을 지적하거나 대책을 세우는 이가 없었다. 심지어 피해자들의 안타까운 죽음이 계속 발생하는 와중에 정부가 나서서 원인을 알리고, 피해를 경고하거나 시중에 유통된 제품을 수거하기는커녕 계속 방치한 상태였다.

제보를 듣고 사실을 파악한 나는 국회 보건복지위 소속 국회의원으로서 국정감사를 통해 가습기 살균제 사회적 참사를 국회에서 다루어 그 참상을 세상에 알렸다. 나는 국감장에서 보건복지부 장관에게 정부가 빠르게 역학조사 등을 통해 진상을 파악하여 피해자 대책을 수립할 것을 촉구했다. 또한 시중에 유통되고 있는 문제의 가습기 살균제 제품들을 시급하게 수거하여 더이상 피해가 발생하지 않도록 조치할 것을 강력하게 요구했다. 또한 국가와 가해 기업들이 피해자들에게 보상해야 하는 법적책임을 지적하고 조치를 촉구했다.

최초로 국회 국정감사장에서 가습기 살균제 피해의 참상이 세상에 드러나는 순간이었다. 이후 언론도 앞다투어 가습기 살균제 피해를 대서특필하고, 정부도 대책 마련에 나서기 시작했다. 이후 2011년 11월 11일이 되어서야 질병관리본부는 뒤늦게 시중에 유통된 가습기 살균제 수거 명령을 내렸다. 그러나 이미 많은 피해자들이 발생하고 난 후였다.

우리는 너무 힘들고 고통스러울 때 '숨을 쉴 수가 없다.'고 말한다. 가습기 살균제 피해자들이 그랬다. 매일매일 숨을 쉴 수 없는 고통을 받으며 지옥 같은 하루하루를 견뎌야 했다. 나는 이번에는 정치인으로서 피해자들의 곁에 머물렀다. 사회적 약자들의 고통을 덜어 주고 싶은 내 마음은 당연히 그곳에 있어야 한다고 재촉했다. 그리고 마지막 가습기 살균제 국정감사를 마친 뒤 나는 19대 국회 때는 정치권을 떠나 있었다. 그 기간에 나는 변호사로서 대법원이 파기환송한 혈우병 에이즈 감염 사건이 진행되고 있는 고등법원에서 재판에 집중하고 있었다.

혈우병 에이즈 사건을 승소로 마무리 짓고, 나는 다시 2018년 강남을 지역구 의원으로 당선되어 20대 국회의원으로 다시 국회에 복귀하였다. 그때까지도 가습기 살균제 피해자들은 국가와 가해 기업으로부터 제대로 된 피해보상을 받지 못한 채 계속 투쟁하고 있었다. 나는 우선 피해자들과 함께 국회에서 간담회를 개최했다. 그동안 국회의원이나 정부에게 그들의 억울함을 제대로 얘기조차 하지 못했던 피해자들과 가족들은 간담회에서 억울함과 울분을 터뜨렸다. 마치 국회의원인 나에게 쏟아지는 원망인 듯 느껴져 죄스러운 생각이 들었다.

나는 2019년 10월에 피해자들을 효율적으로 구제할 방안인 '가습기 살균제 피해구제 특별법 개정안'을 발의하여, 이듬해 3월 법안이 본회의에서 통과되어 공포됐다. 그동안 나는 의료소송을 하면서 의학적 지식이 없는 일반인들이 자신의 모든 피해 사실을 입증해야 하는 어려움과 불합리한 상황을 잘 알고 있었다. 그래서 이 법안의 주요 골자는 거대 기업에 의해 의도치 않게 피해자가 된 일반인들이 국가와 기업으로부터 좀 더 쉽게 손해배상을 받을 수 있도록 입증책임을 전환하는 것이었다. 또한 복잡하게 규정된 절차 때문에 피해자들이 배상을 받기 어렵게 되어 있던 절차를 정비하여 좀 더 쉽게 배상받을 수 있도록 하였다.

나는 변호사로서 내 능력의 한계를 느껴 차라리 직접 법을 만드는 사람이 되어 사회적 약자를 보호하겠다는 다짐으로 정치에 입문하였다. 혈우병 환아들이 에이즈에 집단 감염되었는데, 관심을 가져 달라며 국회에 찾아갔을 때 아무도 나서는 이가 없었다. 아무도 하지 않으면 내가 하면 된다. 길이 없어 나아가지 못한다면, 그냥 내가 앞장서 나아가면 된다고 생각했다. 가습기 살균제 특별법이 본회의에 통과되는 순간 나는 '내가 정치를 하면서 다짐했던 자그마한 책임을 하나 완수했구나.' 하는 생각에 안도했다.

# '무엇을 보느냐'보다
# '어디서 보느냐'가 중요하다

## 운수 좋은 날, 시대가 변해도 여전한 아픔

"오늘은 나가지 말아요. 제발 덕분에 집에 붙어 있어요. 내가 이렇게 아픈데…."라고 모깃소리같이 중얼거리고 숨을 그르렁그르렁하였다. 그때에 김 첨지는 대수롭지 않은 듯이, "아따, 젠장 맞을 년, 별 빌어먹을 소리를 다하네. 맞붙들고 앉았으면 누가 먹여 살릴 줄 알아?" 하고 홀쩍 뛰어나오려니까, 환자는 붙잡을 듯이 팔을 내저으며, "나가지 말라도 그래. 그러면 일찍이 들어와요." 하고 목메인 소리가 뒤를 따랐다. 정거장까지 가잔 말을 들은 순간에, 경련적으로 떠는 손, 유달리 큼직한 눈, 울 듯한 아내의 얼굴이 김 첨지의 눈앞에 어른어른하였다.

1924년에 발표된 소설 '운수 좋은 날'의 한 대목이다. 내용인즉 슨 그날따라 억세게 운이 좋았던 인력거꾼 김 첨지는 아내가 먹고 싶다던 설렁탕을 사서 돌아왔다. 하지만 그의 아내는 먹을 수 없었 다. 이미 온몸이 싸늘하게 식어 나뭇등걸처럼 굳어 있었기 때문이 다. 소설 속의 인력거꾼 김 첨지의 이야기를 보면서 100년이 지난 지금의 택시 기사님들 생각이 떠오른다. 기차역이나 손님이 많은 환 승역 혹은 버스터미널 등에서 줄줄이 무리를 지어 손님을 기다리는 모습, 갑질 손님이나 술에 취한 손님을 응대해야 하는 모습 등은 지 금도 그때와 크게 다르지 않다.

인력거는 자동차가 흔하지 않던 시절인 구한말에서 일제강점기 사이 마차, 가마, 전차와 함께 주요한 대중교통이었다. 택시가 등장 한 1912년 이후로 점차 사양길에 접어들어 한국전쟁 이후엔 아예 역사 속으로 사라졌다. 전차 배차 시간이 길고 택시가 흔하지 않던 시절, 없어서는 안 될 교통수단이었다. 또 늦은 밤에도 지금의 콜택 시처럼 조합을 통해 부르기만 하면 달려왔다. 자동차가 다닐 수 없 는 좁은 골목길도 너끈히 달릴 수 있고, 그야말로 목적지 대문 앞까 지 가는 것도 가능했다.

단점은 소설에서 보듯 체계화되지 않은 요금 때문에 손님과 시 비가 잦았다는 것이다. 사람이 수레를 끌고 달려야 하는 특성상 인력거꾼들의 복장 불량이나 청결 문제 또한 승객들에겐 불편한 점이었다.

믿기지 않겠지만 인력거가 흥했던 시대에도 현재의 '택시발전법'처럼 '인력거영업단속규칙'이 있었다. 그 내용에는 인력거의 영업 허가, 인력거꾼의 자질, 운임, 속도, 정원, 두 대가 마주쳤을 때 길을 비키는 법 등이 담겨 있다. 또한 현재 승용차가 자가용과 영업용으로 나뉘듯, 개인용 인력거와 영업용 인력거로 나뉘었으며, 영업용 인력거는 소유자들이 별도로 조합을 만들어 운영했다. 이 조합은 인력거가 택시의 증가로 이용률이 떨어지자 가격을 낮추는 등 나름대로 최선을 다해 사업이 지속될 방안을 모색했던 듯하다.

이제 인력거를 볼 수 없는 시대를 살아가는 나는 택시를 볼 때마다 가슴 한쪽이 서늘해진다. 언젠가는 택시도 인력거처럼 사라질 것인가? 한편으로는 장거리 이동을 한 승객이 요금을 내지 않고 달아났다는 뉴스에 화가 나기도 한다. 택시 기사님들이 얼마나 열악한 환경에서 힘들게 영업하시는데 당연히 내야 할 요금마저 떼어먹는 파렴치한 짓을 할까. 돈이 없어 그럴 수밖에 없었다면 그 승객의 입장도 안타깝지만, 택시 기사님들의 처지를 충분히 이해하고 있는 나로서는 섭섭함이 넘쳐 화가 날 때도 있다.

# 위기에 선 택시, IT 기술과 공존을 고민하다

국민의 대중교통 택시에 100여 년 만에 위기가 찾아왔다. 인력거를 대체한 택시의 등장이 1912년, 국내에 카풀이나 타다(TADA) 서비스가 등장한 것이 2018년이니 정확히는 106년 만이라고 해야겠다. 기존의 택시산업과 IT 신기술을 탑재한 새로운 개념의 여객 운수사업은 불가피한 신구 산업간 갈등을 서서히 불러오고 있었다.

타다를 쉽게 설명하면, '렌터카를 부르면 운전기사가 함께 오는 모빌리티 서비스'다. '부르면 오는 서비스'라는 점에서 인력거와도 아주 비슷해서 디지털과 아날로그의 차이라고 봐도 될 듯하다. 이용도 아주 편리하다. 스마트폰에 앱을 설치하고 목적지를 입력하면 예상 금액이 나오며, 금액 확인 후 배차를 요청하면 하차시 앱에 입력한 카드로 자동 결제된다.

언뜻 카카오모빌리티의 카카오택시 서비스와 비슷해 보이지만 차이가 있다. 우선 기존 일반 택시가 아닌 자체 운영하는 11인승 대형 RV(레저용 차량)가 기사와 함께 배차된다. 또한 타다 서비스가 내세우는 특징이자 장점이 있다. 운영 차량의 청결 관리, 승차 거부 없는 배차, 무료 와이파이 서비스, 스마트폰 충전기 제공, 기사가 불필요한 대화를 하지 않도록 자체 교육으로 높은 친절도가 그렇다. 일반 택시보다 요금은 좀 더 비쌌지만, 서비스의 장점으로만 본다면 이용자들에게는 대단히 만족도가 높았던 것 같다. 타다 서비스에 가입하는 신규 회원이 단기간에 급속도로 증가했고, 서비스의 재이용률도 90%를 넘나들 만큼 상당히 높았다.

하지만 문제가 있었다. 타다 서비스가 겉으로는 '단시간 렌터카 서비스'임을 표방했어도 택시업계와 이용자가 보기에는 그저 '콜택시'에 불과했다. 관련 여론조사에서 국민이 타다를 '혁신 서비스'라고 인정했어도 '불법'이라고 평가한 것이 이런 이유에서였다. 여기엔 관련 법의 모호함도 일조했다. 당시에는 렌터카에 운전기사를 제공할 수 없었다. 그러나 예외적인 기준을 두어 승객이 외국인이거나 65세 이상의 노인, 해당 승용차가 11인승~15인승인 차량일 때는 가능했다. 타다의 서비스 차량이 11인승 대형RV 차량이었던 것은 바로 이 때문이었다. 실제로 '여객자동차운수사업법' 위반으로 고발되었지만, 2020년 초 무죄를 선고받았다.

2016년 5월 출퇴근 시간에 자가용으로 카풀(Car Pool) 서비스를 시작한 한 모빌리티 회사는 2017년 11월 '출퇴근 시간 선택제' 카풀 서비스를 선보였다. 당시 '출퇴근 때'의 혼잡도를 감안하여 자가용에도 유상 카풀을 허용한 여객자동차운수사업법의 법 조항을 유연하게 해석하여 모빌리티 회사들은 카풀 서비스에 뛰어들기 시작했다. '카풀'은 목적지나 방향이 같은 사람들이 한 대의 차량에 같이 타고 다니는 것을 말하는데 IT 기술 발달로 애플리케이션의 도입과 함께 본격적으로 시작되었다.

즉 출퇴근길 택시 이용에 불편을 느끼는 시민들이 스마트폰 앱을 통해 자신이 가고자 하는 목적지로 향하는 차량을 검색하고, 해당 차량이 있다면 그 차량을 선택하여 탑승하고 앱 서비스 이용료와 운행요금을 지불하는 방식이었다. 카풀 차량의 운전자에 대한 신분이 보장되지 않아 범죄 등에 악용될 수도 있다는 점이 취약점으로 지적받고 있었다. 하지만 이용자 입장에서는 택시 비용보다 저렴하고, 편리해서 점점 사용이 늘어나는 추세였다.

여객자동차운수사업법 제81조는 사업용 자동차, 즉 택시나 버스 등이 아닌 일반 자가용으로는 영리를 목적으로 운수업을 할 수 없도록 규정되어 있는데, 이에 대한 예외 조항이 있었다. 즉 택시가 잘 잡히지 않는 출퇴근 시간에만 한정해서 자가용이 유상영업을 할 수 있도록 규정되어 있었다. 그래서 그 예외 조항을 이용하여 카카오모빌리티 등 모빌리티 회사들은 법에서 허용하는 시간대인 출퇴근에 자가용 카풀 서비스 운영에 본격적으로 뛰어들었다.

카풀 서비스의 편리함을 경험한 시민들과 모빌리티 회사들은 정부에게 법령상 예외적으로 허용되는 출퇴근 시간을 풀고, 다양한 근무 형태에 맞춰 낮 시간대에도 카풀 서비스를 이용할 수 있도록 해 달라고 요청하면서 택시업계와 갈등이 본격적으로 시작되었다.

# 카풀 서비스에 대한 택시업계의 극단적 투쟁

생존권에 위협을 느낀 택시업계는 "모빌리티 회사가 사실상 면허 없이 택시를 운영하겠다는 얘기"라며 강하게 반발했다. 택시 기사들은 자신들의 생존권과 결부된 문제라고 생각하고 2018년 11월 22일 국회 앞에서 십만 명이 운집하여 택시 생존권 사수 집회를 개최하며 대대적인 반대 투쟁에 돌입했다.

택시업계는 "법인택시 기사의 경우 야간 12시간을 일해도 회사에 내는 사납금과 세금을 빼고 나면 150만 원 남짓 되는 월급을 타간다.", "한 달에 12시간씩 25일을 일해도 150만 원 정도 최저시급도 안 되는 수준의 수입이다."라며 "현재도 이렇게 힘든데 카풀까지 도입되면 고령의 택시 기사들은 결국 도태되고 말 것이다. 백만 택시 기사와 그 가족들의 생존권에 치명적인 위협을 가할 수 있는 카풀 서비스는 즉각 중단되어야 한다."고 주장하였다.

택시업계의 반발이 커지면서 2018년 12월 10일, 국회 앞에서 법인택시 기사 한 분이 분신자살이라는 극단적 선택을 하셨다. 결국 정부와 카풀 서비스와 택시 기사들과의 일촉즉발의 대립이 격화되기 시작한 것이다. 논란은 점점 깊어지고 온 나라가 혼란에 빠졌다. 기존의 택시산업이나 신규 모빌리티 산업 그리고 그 과정에서 편리하고 저렴한 서비스를 경험한 시민들의 입장, 그 사이에 끼인 정부는 이러지도 저러지도 못하는 난감한 상황이었다.

그 과정에서 택시업계는 투쟁의 강도를 점점 높여갔다. 국회 앞에서 천막을 치고 투쟁본부를 꾸려 전국에서 모여든 택시업계 종사자들이 매일 집회를 이어 갔다. 심지어는 택시 기사들이 '릴레이 분신 투쟁'을 하겠다는 경고도 이어졌다.

집권 여당인 더불어민주당 입장에서도 이 혼란에 손을 놓고 있을 수는 없었다. 당시 국토교통위 위원이었던 내가 그 혼란을 수습할 책임을 맡아 '택시·카풀 TF' 단장을 맡게 되었다. 점점 고조되고 있던 신구 산업간의 갈등을 해결하기 위한 상생안을 모색하던 나로서도 출구가 보이지 않는 난제였다.

갈등이 극에 달했을 때는 소통이 더더욱 필요한데, 택시 기사님들과의 만남조차 힘들었다. 그렇다고 멈출 수는 없는 일, 국회 앞 택시업계 천막투쟁본부에 대화를 하자며 무작정 찾아갔다. 처음 방문했을 때는 "국회의원이 여기 왜 왔냐?"며 욕설이 쏟아졌다. 물병 세례와 심지어 휘발유 세례까지 감수해야 했다. 당혹스러웠지만, 그들의 심정을 이해 못 할 일은 아니었다.


## 그 진정성, 한번 믿어 보자


매일, 하루에도 몇 번씩, 시간 날 때마다 택시업계 천막투쟁본부에 찾아갔다. 갈 때마다 대화를 거부하는 건 기본이었다. 차가운 시선으로 쏘아보며 쫓아내거나 욕설도 퍼부었다. 정부에 대한 불신과 배신감이 극도에 달한 상황이었다. 더불어민주당의 다른 국회의원들도 대화를 위해 몇 차례 방문했다가 투쟁본부 측의 냉대와 욕설에 움찔하여 다시는 천막을 찾지 않았다.

그러나 나는 포기하지 않았다. 약 100여 차례 천막투쟁본부를 찾아갔을 때였다. 택시업계 투쟁본부 내부에서 '저 사람은 정치인이지만 진정성이 느껴진다. 한번 믿어 보자.'라는 의견이 나왔다는 소식이 들려왔다. 그렇다고 곧바로 그들이 나에게 마음을 열지는 않았다.

투쟁본부 측의 태도가 변하든 변하지 않든 나는 한결같은 자세로 그분들에게 다가서려고 했다. 그래서 살을 에는 추운 날씨에도 나는 하루도 거르지 않고 틈만 나면 그분들을 찾아갔다. 찾아가서 홀대하는 그분들에게 아무렇지 않은 듯 소통하는 낮은 자세로 계속 대화를 촉구했다.

거의 200회 가까운 택시업계 관계자들과 공식·비공식 만남을 이어가며 마침내 나는 그분들의 신뢰를 얻게 되었다. 정부나 국회와 대화와 타협 없이 오직 자신들이 원하는 카풀산업의 퇴출만을 외치던 택시업계가 마침내 나와의 대화 창구를 열기 시작했던 것이다. 그렇게 어렵게 대화의 물꼬를 튼 나는 택시업계와 카풀업계와 시민들이 모두 공감할 수 있는 조정안을 만들어 가기 시작했다.

그리고 2019년 3월 7일, 마침내 '택시·카풀업계 사회적 대타협'

매일, 하루에도 몇 번씩, 시간 날 때마다 택시업계 천막투쟁본부에 찾아갔다. 약 100여 차례 천막투쟁본부를 찾아갔을 때였다. 택시업계 투쟁본부 내부에서 '저 사람은 정치인 이지만 진정성이 느껴진다. 한번 믿어 보자.'라는 의견이 나왔다는 소식이 들려왔다.

신뢰를 바탕으로 서로를 이해하고 배려하는 마음으로 한발씩 양보하여 타협점을 찾을
수 있었고, 또 다른 갈등이 생겨도 같은 마음으로 상생안을 찾을 수 있을 것이라 믿고
있다.

을 이룰 수 있었다. 국토부 장관과 집권 여당인 더불어민주당과 택시업계와 카풀업계가 함께 협의 조정한 내용이었다. 그 사회적 대타협안의 주요 내용은 다음과 같았다.

첫째, 플랫폼 기술을 자가용이 아닌 택시와 결합하여 국민에게 편리한 택시 서비스를 제공함과 동시에 택시산업과 공유경제의 상생발전을 도모할 것. 둘째, 국민의 교통 편익 향상 및 택시 서비스의 다양화와 제1항의 이행을 위해 택시산업의 규제 혁파를 적극 추진하되, 우선적으로 규제 혁신형 플랫폼 택시를 금년 상반기 중에 출시할 수 있도록 할 것. 셋째, 카풀은 현행법상의 본래 취지에 맞게 출퇴근 시간(오전 7시~9시, 오후 6시~8시)에 허용하되, 토요일·일요일·공휴일은 제외할 것. 넷째, 국민 안전을 위해 초고령 운전자 개인택시의 다양한 감차 방안을 적극 추진할 것. 다섯째, 택시 노동자의 처우 개선을 위해 근로시간에 부합하는 월급제를 시행할 것. 여섯째, 택시업계는 승차 거부를 근절하고 친절한 서비스 정신을 준수하여 국민의 교통 편익을 높이기 위해 최선을 다할 것. 내용만 보자면 택시업계도 카풀업계도, 시민들도 모두 만족하기는 어려운 내용이었다.

그러나 서로 이해관계가 달라 부딪힐 수밖에 없는, 생존권이 달린 신구 산업과 시민들이 조금씩 양보하여 서로 함께 살아가자는 공생을 택한 타협안이었다. 택시·카풀 TF 단장을 맡은 이후 삼고초려의 각오로 쉼 없이 달려온 결과였다. 또한 '카풀 전면 금지'를 주장한 택시협회와 '규제 전면 완화'를 내세운 카카오모빌리티가 '국민의 교통 불편 해소'라는 공감대를 가졌기에 가능했다. 과정은 너무나 힘들었다. 하지만 대화 없이 극단적으로 달려가던 폭주열차를 극적으로 세워 대화를 통한 상생안을 마련한 것에 큰 보람을 느꼈다.

그로부터 5개월이 지난 8월, 국회 본회의에서 택시·카풀 사회적 대타협안의 내용을 담은 '출퇴근 카풀'과·'택시 월급제'를 인정하는 '여객자동차운수사업법 일부개정법률안'과 '택시운송사업의 발전에 관한 법률 일부개정법률안'이 통과되었다. 물론, 이것으로 모든 갈등이 사라졌다고 생각하지는 않는다. 그러나 신뢰를 바탕으로 서로를 이해하고 배려하는 마음으로 한발씩 양보하여 타협점을 찾을 수 있었고, 또 다른 갈등이 생겨도 같은 마음으로 상생안을 찾을 수 있을 것이라 믿고 있다.


## 혁신과 상생, 끝이 아닌 새로운 시작


지금까지 인류는 몇 차례의 산업혁명을 거치며 더 편리한 세상으로 발전해 왔다. 그리고 이제 4차 산업혁명의 시대, 지금까지 인류가 보여준 거의 모든 기술이 집약되어 고도의 발전을 이루게 될 예정이다. 또한 인공지능(AI), 사물 인터넷, 빅데이터, 모바

일 등 첨단 정보통신기술들의 초연결(hyperconnectivity)과 초지능 (superintelligence)의 신기술이 앞으로 우리 일상의 모든 분야에서 영향력을 과시하며 지금까지와 다르게 더 빠른 발전을 이룰 것이다.

그런데 4차 산업혁명이 대두되면서 빠지지 않고 거론되는 이야기가 있다. 어느 직업이 사라지고, 또 지금은 없는 새로 태어날 직업들에 대한 염려와 걱정이다. 그런 걱정의 대상은 자동화 기술, 스마트 기술, AI 등 사람보다 더 잘할 수 있는 직업들이 대부분이다. 그중에는 이미 우리 실생활에서 사람의 몫을 하는 기술도 많다. 식당에서 주문과 결제를 대신 받아 주는 키오스크, 홀 서비스를 대신하는 로봇, 식음료 제조를 대신하는 로봇, 주행만으로 고속도로 통행료를 대신 받아 주는 무정차 톨게이트 등이 그렇다. 기술의 발전은 사람의 영역을 어디까지 대체하게 될까?

안타깝게도 이러한 신기술의 발전은 사람이 설 자리를 꾸준히 대체해 왔다. 긍정적인 면에서 보자면 삶의 여유를 되찾아 주는 생활가전부터, 아예 사람을 대신하며 일자리를 빼앗는 로봇들까지 도대체 그 끝이 어디일지 예상할 수 없는 정도에까지 이르렀다. 자동차 기술의 발전으로 택시가 인력거를 대체했듯, 무정차 톨게이트가 통행료 수납원들의 자리를 사라지게 했다. 상상 그 이상의 대비책이 없다면 우리는 건강한 사람의 호흡마저 기계가 대신하는 세상을 만날지도 모른다.

이제 가장 근본적인 가치를 담은 질문에 대답할 때다. 과연 누구를 위한 혁신과 성장인가? 혁신과 성장을 누릴 대상은 또 누구인가? 바로 사람이다. 그러나 혁신과 기술의 발전이 오히려 사람의 삶을 침해하고 힘들게 한다면, 그것은 이미 가치를 잃었다고 봐야 맞다. 기술보다 사람이 우선이지 않은가. 그렇다고 사람을 위해 기술 발전을 멈추는 것도 옳다고 볼 수 없다. 애초에 인류는 불을 발견함으로써 발전을 거듭하면서 오늘에 이르렀으니까. 그러니 고민해야 한다. 지금 우리가 쌓는 것이 바벨탑이 되지 않게 혁신과 성장이 사람의 삶을 포용하고 받아들이는 상생의 길을 찾아야만 한다. 그것만이 기술에 지배되어 누군가의 삶이 무너지는 것을 막을 길이라 확신한다.

카풀 서비스와 타다 서비스로 생계의 위협을 받던 기사님들에게서 '운수 좋은 날'의 주인공 김 첨지의 모습이 투영되어 안타까웠다. 일제강점기의 인력거꾼 김 첨지가 그랬듯이 힘겹게 살아가는 오늘날의 사회적 약자가 어쩌면 택시 기사님들이라는 생각이 들어서다.

까마득한 옛날이지만, 택시 기사가 인기 직업이었던 시대도 있었다. 그때 그 시절에는 자동차 운전이 매우 특별한 기술이었다. 앞으로 제2의 새로운 인력거꾼 김 첨지, 제3의 새로운 인력거꾼 김 첨지가 등장할 것이다. 혁신과 기술 발전을 거듭하는 과학의 발전이 우리의 삶을 바꾸는 흐름을 막을 재간은 분명히 없다. 그래서 나는 간절히 서로 함께하기 어려운 사회적 갈등을 해결할 수 있는 솔로몬의 지혜를 꿈꾼다.

# 백만 개의
# 불화살이 되어

---

## 역시 BMW가 최고

국민권익위원장 임기를 마친 뒤 나는 'BMW'를 애용하게 되었다. 외제 자동차 브랜드 'BMW'가 아니라 버스(Bus), 지하철(Metro), 도보(Walk)의 영어 머리글자를 딴 'BMW' 말이다. 특히 교통체증에 시달릴 염려가 없어서 약속이 있을 때마다 지하철을 주로 이용한다. 탈 때마다 느끼지만 서울의 지하철은 정말 '엄지척'이 절로 나올 만큼 최고다. 여름엔 시원하고 겨울엔 따뜻하며, 환승도 간편해서 외국인도 쉽게 갈아타고 목적지까지 갈 수 있어 누구에게나 편하고 안성맞춤이다.

다만, 출퇴근 시간엔 그야말로 '지옥철'이라는 말이 실감 날 정도로 혼잡하여 많이 불편하기는 하다. 이것만 해결이 된다면 더없이 좋을 텐데…. 국민의 쾌적하고 안전한 출퇴근 교통문제는 정치가 고민해야 하는 과제다. 그래도 나는 'BMW'를 이용하는 것이 정말 즐겁다. 적으나마 환경을 위한 실천이기도 하고, 건강에도 도움이 되지만 무엇보다 시민들과 함께 공감할 수 있다.

지하철을 타면 더러 나를 알아보는 이들과 몇 마디 인사도 나눈다. 코로나19 팬데믹 때는 대중교통을 이용할 때 주로 마스크를 착용하지만, 눈빛으로 나를 알아보시고 미소를 던지시거나 살며시 고개를 숙여 반가움을 표시하시는 모습을 만날 때의 다정함과 정겨움이란 말로 다 할 수 없을 정도이다. 선거철이 되면 보좌관들을 대동하고 우르르 지하철이나 시장을 찾아가는 정치인들은 절대로 알 수 없을 그런 따뜻함을 자주 접하는 건 행복한 일이다.

한번은 이런 적이 있었다. 약속 장소로 가기 위해 전철에 올랐다. 전철로 이동하는 시간 대략 30분, 그 사이 열두 곳의 역에 정차하며 사람들이 타고 내렸다. 다행히 한가한 시간대라 그런지 전철은 한산했고, 타고 내리는 사람도 적었다. 더러는 팔짱을 끼고 옅은 졸음에 취해 있고, 더러는 스마트폰을 들여다보거나 옆에 앉은 동행과 나직이 이야기를 나누고 있었다. 그날따라 아무도 나를 알아보지 않아서 좀 편안한 마음으로 이동할 수 있었다. 목적지 역에서 내려 약속한 카페로 가기 위해 잰걸음을 옮기려는데, 출구를 빠져나오자마자 낯선 목소리가 말을 걸어 왔다.

"저…, 혹시 전현희 위원장님 아니세요?"

그 소리에 멈칫하려니까 좀 더 가까이 다가와서 나를 살피시더니 손뼉을 치며 응원의 말씀을 건네셨다. "아이고, 맞네. 전 위원장님. 그동안 고생 많으셨죠? 힘내세요. 끝까지 응원할게요."

미처 대답도 하기 전에 반갑게 인사를 건네시는 분을 만난 것이다. 살구색 유니폼에 살구색 챙 넓은 모자를 쓴 그분 곁에는 냉장 전동 카트가 있었다. 어찌나 정겨운 목소리로 인사를 건네시는지 처음 뵙는 분인데도 전혀 낯설지가 않았다. 내 또래 세대에는 '○○르트 아줌마'라는 호칭으로 친숙한 프레시 매니저(Fresh Manager), 여사님이었다.

"아, 네. 고맙습니다. 이렇게 한눈에 알아봐 주시고, 응원까지 해 주시니 힘이 솟네요." 이럴 때가 'BMW'를 이용하기 잘했다고 느끼는 바로 그런 순간이다. 마스크 쓴 내 얼굴을 알아보시고 반갑게 맞아 주는 것도 모자라 응원과 격려까지… 얼마나 감동했는지 모른다. 어떻게 감사드려야 할까 고민하다 곧 만나게 될 지인과 나누려고 달콤한 음료를 한 봉지 샀다.

거리에서 만나는 국민들에게서 듣는 '고생 많았어요.', '힘내요.' 그 몇 마디에 가슴을 짓누르던 무거운 돌덩이가 순식간에 사라진 듯 가벼워졌다. 순간 인터넷에 올라온 욕설과 비난 섞인 댓글이 떠올랐다. 엉터리 표적감사로 상습지각 근태 불량에 파렴치범이라는 억울한 누명도 모자라 국민의 일부는 그런 기사를 사실로 믿고 내게 비난을 퍼붓기도 했으니까. 이렇게 실추된 나의 누명을 벗고 명예를 회복하려면 얼마나 많은 시간이 필요할지 가늠하기도 어렵다. 거짓말과 조작으로 덧씌운 감사는 그만큼 고통스러웠고, 끝내 무혐의를 받았어도 상처뿐인 영광이었다.

뜻밖의 만남으로 발걸음이 가벼워졌다. 혼자만의 외로운 싸움을 하고 있다고 생각했는데 응원하는 분을 만나 갑자기 용기가 솟았다. 사실은 혼자가 아니었다. 응원해 주고 함께 분노하면서 격려해 주는 많은 국민들이 나와 함께하고 있었던 것이다.


## 국민권익위원장으로서 깨우친 국민의 의미


국민권익위원장을 맡은 3년 동안 내가 한시도 놓지 않은 화두가 하나 있었다. 바로 '국민'이다. 특히 그 어느 때보다 힘겹고 어려운 시간을 보내야 했던 마지막 1년 동안 나를 버티게 한 힘도 바로 '국민'이었다. 정부기관 중에서 '국민'이라는 이름이 들어가는 유일한 기관, 국민권익위원회이기도 하다. 그래서 국민권익위원장으로서 재임하는 동안 나는 늘 국민의 의미를 생각하고 또 곱씹을 수밖에 없었다. 국민권익위원장으로서 내가 얻은 결론은 아주 명확하다. '국민'은 행정과 정치의 알파이자 오메가, 즉 시작이자 끝이다.

이렇게 무도하고도 불법적인 탄압을 받으면서까지 그만둘까 하는 생각을 했던 순간도 있었다. 억울한 누명을 뒤집어쓰면서까지 그 자리를 지켜야 하나 고민했던 순간도 있었다. 단기필마로 이런 불의한 권력에 맞서 홀로 싸우는 것이 두려워 슬그머니 도망치고 싶을 때도 있었다. 하지만 끝끝내 법이 정한 임기와 원칙을 지켜 낼 수 있었던 건 국민권익위원장으로서 바로 내가 지켜야 하는 '국민' 덕분이었다.

현실에서는 자주 간과되지만, 정치와 행정의 시작이자 끝이 국민이라는 것은 너무도 당연한 생각이다. 많은 분이 알고 있듯이 동양의 대표적 고전인 『논어』의 '안연(顏淵)' 편에는 "민무신불립(民無信不立)"이라는 구절이 나온다. 궁극적으로 정치가 무엇인지 묻는 자공의 물음에 대한 공자의 대답이다. 풀이하면 "백성의 믿음을 얻지 못하면 나라가 존립하지 못한다."는 뜻이다. 궁극적으로 정치는 '국민의 믿음을 얻는 일'이라 새길 수 있을 것이다. 이렇듯 오래된 가르침 역시 국가의 원천이 국민임을 정확히 보여주고 있다.

근대에 이르러 민주주의 국가가 정착되던 미국의 역사에서도 '국민'의 의미를 새겨볼 만한 장면이 있다. 지금으로부터 160여 년 전 게티즈버그에서 당시 대통령이었던 에이브러햄 링컨이 연설을 하고 있었다. 지금과 달리 미국이 남과 북으로 나뉘어 치열하게 싸우는 내전이 한창일 때였다. 그때 링컨 대통령은 그 전쟁에서 사망한 장병들을 추모하며 "우리 정부는 국민의, 국민에 의한, 국민을 위한

정부"라고 외친다. 그날 이후 이 연설은 민주주의 정부의 불문율로
여겨지고 있다. 여기서도 '국민'은 정부의 주체이자 운영 방식의 기
초이며 존재 목적임을 분명히 하고 있다. 그래서 나는 퇴임을 앞둔
하루 전날 가진 기자 간담회에서 퇴임 이후의 행보를 묻는 기자의
질문에 "국민의 한복판으로 가겠다."고 두려움 없이 대답했다.


## 정치의 목적은 국민을 행복하게 하는 것


"비가 오지 않아도, 비가 너무 많이 내려도, 다 내 책임인 것 같
았다. 아홉 시 뉴스를 보고 있으면 어느 것 하나 대통령 책임 아닌
것이 없었다. 대통령은 그런 자리였다."

힘들 때면 들춰 보곤 하는 고 노무현 대통령의 유작 『운명이다』
의 한 구절이다. 모든 정치인이 대통령과 같을 수는 없겠지만, 국민
에게서 권력을 위임받은 정치인이라면 저 구절에서 '대통령'을 '정
치인'으로 바꿔서 가슴에 새겨야 하지 않을까 싶어 자주 들여다봤
다. 그때마다 "어느 것 하나 '정치인' 책임 아닌 것이 없었다."로 바
꿔 읽곤 했다. 우리 정치사에서 가장 뜨거운 정치인이자 리더였던
그의 이 말은 정치인으로서 어떤 자세로 살아야 할지를 무겁게 가
르치고 있다고 생각한다.

지금까지 정치 현장에서 배운 것이 있다. 정치의 시작이자 끝은 '국민'이고, 정치의 목적은 '국민의 행복'이라는 것이다. 우리 헌법 제10조는 이를 다음과 같이 정의하고 있다.

제10조 1항 모든 국민은 인간으로서의 존엄과 가치를 가지며, 행복을 추구할 권리를 가진다.
2항 국가는 개인이 가지는 불가침의 기본적 인권을 확인하고 이를 보장할 의무를 진다.

헌법 제10조를 조금 더 쉽게 풀이하자면, "모든 국민은 행복을 추구할 권리를 가진 존재이며, 국가는 이를 보장할 의무를 진다."는 뜻이 된다. 앞서 '국민'이 정치의 알파이자 오메가, 시작이자 끝이라 했던 것은 이런 헌법정신과 정확히 일치한다. 그렇다면 정치인은 추상적인 개념인 '국가'를 주도적으로 운영하는 주체인 셈이니 헌법 제10조가 명시한 국가의 의무 역시 정치인의 의무라 할 수 있다. 다시 말하면 정치인은 '국민의 행복을 보장할 의무를 진 자'들이다.

그러면 모든 국민이 고루 행복하지 않다면, 정치인의 자리는 어디일까? 그렇다, 아직 행복하지 않은 국민의 편에 서야 한다. 국민의 행복을 고르고 균등하게 맞춰줄 균형추가 정치인의 역할이다. 만약 정치인이 행복한 사람과 부유한 사람 편에 선다면 기울어진 운동장은 더 심하게 기울어질 수밖에 없다. 행복의 양극화는 심화되고, 사회적 약자는 점점 심각한 격차 속에서 불행의 나락으로 떨어질 수밖에 없다. 불행의 악순환만 반복될 뿐이다. 사회적 약자를 위한 정치인의 자세가 중요한 이유이다.

임기를 마치고 정든 국민권익위를 떠날 때 허전한 마음이 들었다. 그런 한편 안도감도 들었다. 이젠 더이상 정권의 압박에 가슴 졸이지 않아도 되겠구나. 이른 새벽부터 집을 나서 서울과 세종시를 오가던 먼 길을 다니지 않아도 되겠구나. 조금 더 평안한 생활을 누릴 수 있겠구나. 이런 소박한 마음의 평화가 찾아왔다.

하지만 정치인으로서 사는 일을 포기하지 않는다면, 노무현 대통령의 말씀처럼 '비가 오지 않아도, 비가 너무 내려도' 국민과 함께 마음 졸이고, 그로 인한 국민의 삶에 어떻게서든 책임을 져야 한다는 생각은 내려놓을 수 없었다. 고 노무현 대통령은 같은 책에서 이런 이야기도 남겼다.

"대통령은 국민의 삶과 국가의 미래가 걸린 어려운 문제에 봉착할 때가 많다. 국민 여론이 찬반으로 격렬하게 대립하는 문제도 더 미룰 수 없을 때는 어느 쪽이든 결정을 해야 한다. 그럴 때는 내가 의사결정권을 쥔 권력자라는 것을 실감한다. 이 권력의 이면에는 국민 누구에겐가 억울하고 불행한 일이 생기면 모두가 대통령 잘못인 것처럼 느끼게 만드는 부담감이 놓여 있다."

어깨에 짊어진 막중한 책임을 통감하는 고(故) 노무현 대통령님의 말씀은 지금도 국민의 마음속에 큰 울림으로 남아 있다. 국민의 편에서 국민의 권익을 위해 3년의 임기 동안 일하면서 내가 느낀 부담감과는 차원이 다른 것일 테다. 하지만 그 부담의 무게가 어떤 것이어야 하는지 깨닫기에는 충분한 시간이었다고 생각한다. 이에 비하면 취임 후 1년 반이 지나도록 모든 탓을 전 정권에 돌리는 윤석열 정부는 노무현 대통령의 자세와는 달라도 너무 달랐다. 오죽하면 인터넷 공간에서는 '지난 정권'이 아닌, '전정권 씨가 잘못했네'라는 댓글 놀이가 유행하겠는가.

정치인은 헌법이 정한 대로 '국민의 행복을 보장할 의무를 진 자'이다. 결국 정치인은 '책임을 지는 사람'인 것이다. 국민은 정치의 본질을 잊은 정치인에게 꾸짖고 호통치며 가르쳐야 한다. 정치가 썩었다고 고개 돌리지 말고, 낡은 정치를 새로운 정치로 만드는 힘이 국민에게 있다는 고 노무현 대통령의 말씀은 지금도 죽비처럼 우리를 일깨운다. 대한민국의 주권은 국민에게 있고, 모든 권력은 국민으로부터 나온다. 국민 대신 일해야 하는 마름이자 집사, 대통령을 비롯한 모든 정치인은 그런 자리다.

## 의로운 정치 대 불의한 정치

우리가 뉴스로 자주 접하는 국민의 현실은 너무도 극명하게 양쪽으로 나뉘어 있다. 누군가는 새로 나온 명품 백을 사기 위해 줄을 섰지만, 다른 누군가는 오늘 한 끼라도 먹을 수 있을지 고민하며 폐지를 주웠다. 창문 없는 고시원에서 화마에 휩쓸려 생을 마감해야 했던 어느 안타까운 청년, 가난한 형편에 반지하를 벗어날 수 없었던 어느 할아버지의 수해 참사 소식도 그리 오래된 뉴스가 아니다. 힘들게 취업한 노동자가 빵을 만들다 끼임 사고로 사망하고, 전세 사기로 전 재산을 잃은 국민은 지금도 스스로 목숨을 끊으며 고통에서 헤어나지 못하고 있다.

국민권익위원장으로 일하면서 만난 많은 국민의 현실은 이전에 내가 볼 수 없었던 비참함과 불공정이 만든 세계였다. 국가가 외면해 온 강원도 양구 펀치볼 마을의 주민들, 여전히 사람대접을 받지 못한 한센인 마을 주민들, 그리고 한편으론 공기업에 다니면서 직무상 얻은 정보로 사적으로 부를 얻으려던 LH 직원들도 있었다. 국민의 삶이 이토록 불행한데, 이들의 행복에 책임을 져야 할 정치는 무엇을 하고 있는 것일까?

우리는 흔히 정치인을 '공복(公僕)'에 비유한다. 국가나 사회의 심부름꾼, 곧 '국민의 종'이라는 뜻이다. 이들의 역할은 우리나라의 주권자인 국민을 위하고, 섬기는 일이다. 정치인이 주인을 위하고 섬기기 위해서는 어떻게 해야 할까? 바로 국민의 어려움을 찾아서 해결해야 하고, 국민이 흘리는 눈물을 닦아 주어야 한다. 국민의 살림살이가 풍요롭도록 돌봐야 하고, 국민이 외부의 힘에 굴욕을 겪거나 위해를 당하지 않도록 지켜야 한다. 가진 자가 못 가진 자를 업신여기지 않도록 해야 하며, 누구나 스스로의 존엄을 지킬 수 있도록 해야 한다. 누구에게나 공정하고 또 기회의 균등이 보장되도록 노력해야 한다. 완전하게 실현할 수는 없더라도 이러한 가치를 지향하며 끊임없이 노력해야 한다. 이러한 당연한 일이 의로운 정치이다.

국민이 행복한 삶을 위한 정책은 국민에게서 답을 찾아야 한다. 정치의 시작과 끝이 국민이기 때문이다. 정치인이 올바른 정치로 가는 첫 관문은 무엇일까? 당연히 국민의 마음을 읽기 위한 국민과의 소통일 테다. 그러나 지금 우리는 불행하게도 국민의 소리에 귀를 닫고 일방통행만 하는 대통령을 가지고 있다.

취임도 하기 전에 윤석열 대통령은 청와대에서 용산으로 대통령실 이전을 추진했다. 여론조사 기관의 조사 결과를 보면 대체로 반대가 찬성을 웃돌았다. 국민의 마음은 대통령실을 굳이 용산으로 옮길 이유가 없으니 청와대를 계속 사용하라는 뜻이었다.

하지만 "국민의 지지율에 연연하지 않겠다."고 선언한 윤 대통령은 대통령실의 용산 이전을 강행했다. 그곳에 있던 국방부와 합동참모본부 등 국가 안보의 주요 부서의 이전 부지 선정조차 하지 않았는데도 말이다. 여기에 더해 대통령의 거주지인 공관은 한남동의

외교부 공관으로 이전하기도 했다. 이전에 따른 비용도 비용이지만, 공관과 대통령 집무실의 이원화로 인한 안전과 의전 등의 문제가 숱하게 제기되었다. 하지만 윤 대통령은 개의치 않고 자신의 뜻대로 밀어붙였다. 취임도 하기 전에 소통 대신 불통과 일방통행의 자세를 취한 셈이다.

윤석열 대통령은 국민을 대표하는 또 다른 정치 파트너인 야당의 당 대표와 지금까지 1년 반이 지나도록 만나지 않았다. 자신을 추종하는 소위 '윤핵관'에 둘러싸여 자신에게 비판적인 세력은 내치는 금긋기 정치로 일관하고 있다. 자신에 대한 비판적 언론은 검찰을 동원하여 압수수색하거나 우회적인 방법으로 압력을 행사하여 재갈을 물리고 있다.

이런 금긋기 정치, 배제의 정치의 가장 대표적인 피해 사례가 바로 나, 전현희이다. 엄연히 법이 정한 임기가 남았고 정치적 중립과 독립성을 보장받는 기구인 국민권익위원회의 위원장을 전임 대통령이 임명했다는 이유로 여론몰이를 통한 사퇴 압박과 불법적인 감사원 표적감사로 사퇴를 압박했었으니까.

모두 알다시피 검사 시절 자신은 "사람에 충성하지 않는다."면서 강직한 검사의 상징이 되어 일약 스타로 떠올랐던 장본인이다. 그러나 대통령에 취임한 이후 그는 자신과 정치적 입장을 달리하거나 반대편에 있는 이들에게는 여지없이 공권력을 동원하여 압박을 가하고 있다. 사람에게 충성하지 않는다던 그가 자기에게 충성을 강요하는 것이다.

또 검찰총장 시절 '임기는 국민과의 약속'이라며 자신의 사퇴를 압박하던 정치권의 공세를 단호히 물리치고 임기까지 최선을 다하겠다고 말했던 터다. 그런 그가 자신의 측근들이나 친인척에게는 느슨한 법 적용과 감싸 주기로 일관하는 것은 국민을 무시하는 일방통행식 통치행위가 아니던가.

불의한 정치, 즉 정치인의 잘못된 행동은 국민을 불행에 빠뜨린다. 윤석열 정부가 들어선 뒤에서 끊이지 않는 국민의 불행은 헤아릴 수 없이 많다. 159명의 젊은 청춘들의 생명을 앗아간 10.29 이태원 참사, 폭우로 인한 관악구 반지하와 오송 지하차도의 연이은 참사, 호우 피해 실종자 수색에 나섰다가 거센 물결에 죽음을 맞은 채 상병 사건 등 통상적인 국가 시스템이 제대로 작동했다면 얼마든지 미리 막을 수 있는 명백한 인재(人災)가 벌어졌음에도 국가는 그 누구도 책임지지 않았다. 한마디 사과조차 하지 않았다. 이 모든 사안에 최종 책임을 져야 할 윤석열 대통령은 다른 사람을 탓하고 격노하고 호통만 쳤을 뿐, 뼈아픈 반성과 진심으로 사과하는 모습은 보이지 않았다.

언제부터인가 주말이면 다시 촛불을 든 시민들이 다시 거리로 나왔다. 그 자리에서 촛불을 든 이들의 소망은 완벽한 대한민국 대통령이 아니어도 좋으니 국민의 소리에 귀를 기울이는 대통령이길 바라는 것이다. 유기체가 건강하게 살아가기 위해서는 순환계가 원활히 잘 돌아가야 한다. 피돌이가 원활해야 조직 내에 산소와 에너지를 원활히 공급하고, 그래야 몸의 활력을 유지할 수 있다. 그런데 혈관 안에 콜레스테롤이 쌓여 혈관이 좁아지면 순환계 이상이 발생한다. 증상이 더 심해지면 혈관이 터지면서 죽음에 이르게 된다. 그런 점에서 순환계의 건강은 유기체의 건강한 생존의 기초이다. 사회라는 유기체 역시 순환계가 중요하다.

이 사회를 건강하게 하려면 돈이 잘 돌아야 한다. 정보도 잘 돌아야 한다. 기회도 골고루 돌아야 원활히 한다. 하지만 무엇보다 국민의 소리가 잘 전달되고 그것이 반영되는 원활한 소통이 중요하다. 이러한 사회적 순환계의 이상은 곧 사회라는 유기체 전체의 기능 마비로까지 이를 수 있음을 잊어서는 안 된다.

윤석열 대통령은 더 늦기 전에 국민의 소리에 귀 기울이고 야당과의 소통에 나서야 한다. 우리 대한민국 국민은 불통의 정부, 일방통행식 독재 정치를 언제까지나 묵과하지 않았다. 국민의 더 성난 목소리를 마주하기 전에 하루빨리 국민과 소통하는 정부로 거듭나길 바란다. 1년 동안 윤석열 정부의 일원으로, 대한민국의 성공을 바라는 나의 마지막 고언이다.

# 나를 정치로 이끈 국민

정치권의 영입 제안을 처음 받았던 때는 2000년 16대 총선과 17대 총선 때 최초의 치과의사 출신 변호사로 언론의 조명받자 당시 여성 전문가를 찾고 있던 정치권으로부터 영입 제의를 받았었다. 어릴 적부터의 나의 평생의 꿈이었던 변호사가 되어 행복에 겨웠던 나에게는 정치란 한 번도 생각해 보지 않았던 관심 밖의 영역이었다. 당연히 그때 당시는 정치권의 영입 제의를 정중히 거절하고 응답하지 않았다.

혈우병 에이즈 감염 소송을 10년간 수행하면서 변호사 혼자서 기득권의 벽, 부조리한 현실에 맞서 불의한 세상을 바꾸는 일이 쉽지 않다는 걸 절감했다. 변호사 혼자만의 열정과 정의감만으로는 철옹성 같은 기득권 벽을 넘을 수는 없었다. 무력감을 느꼈다. 그래서 돌파구를 법률과 정책을 직접 만들어 세상을 바꿀 수 있는 정치에서 찾기로 했다. 결국 국민이 나를 정치로 이끈 셈이다.

그런데 막상 정치를 해야겠다 생각하고 보니 내게 손을 내미는 정당이 어디에도 없었다. 막막하긴 했지만, 누군가에 의해 발탁되기보다 내가 일할 정당을 스스로 선택하는 것이 더 의미 있는 일이라 생각했다. 이때 가장 먼저 생각한 것은 내가 정치를 하려는 목적이었다. 여러 차례 밝혔듯이, 나는 사회적 약자들의 아픔을 치유하고 보듬어 모두가 행복한 세상을 만들기 위한 정치를 하고 싶었다. 그

것이 변호사가 꿈이었던 내가 새로이 정치를 하려는 이유이기도 했다. 나의 그동안의 경력이나 출신 및 거주 지역 등을 고려하면 당시 한나라당에 어울릴 법했지만, 내가 지향하는 정치의 의미와 목표에는 민주당이 더 가깝다고 생각했다. 고심 끝에 나는 서민과 중산층의 정당을 자임하며 사회적 약자와 소외된 국민을 어루만져 줄 수 있다고 생각한 민주당을 선택했다.

다행히 18대 총선에서 나는 민주당 비례대표로 국회의원이 되었다. 국회의원으로서 최선을 다해 노력했고 4년 연속 국회의장이 선정하는 최우수 연구단체 대표의원으로 표창도 받는 등 나름의 성과를 거두었다. 18대와 20대 국회의원으로 두 차례 임기를 국회의원으로 보내면서, 그리고 국민권익위원장으로 3년의 치열한 현장을 경험하면서, 나는 그동안 나의 꿈이었던 변호사를 그만두면서까지 뛰어들었던 정치에서 진정 내가 하고 싶었던 일을 제대로 하였는지 뒤돌아보았다. 내가 정치를 시작하게 된 이유, 그리고 정치를 하는 목적인 국민이 나에게는 어떤 의미로 자리하고 있는지 곰곰이 생각해 보았다. 여전히 국민이 내 정치의 '시작이자 끝'이라 믿는다. 특히 국민권익위원장 3년의 임기를 버틸 수 있었던 힘의 원천은 국민이었다.

# 대한민국의 진정한 영웅은 국민이다

대한민국의 국민은 늘 현명하고 영웅적이다.

일제강점기에 대한민국임시정부를 세우고 일제와 맞서 투쟁한 독립군들은 오늘의 대한민국을 있게 한 영웅들이었다. 아시아를 전역을 식민지화하고 미국의 영토에까지 가미카제 특공대를 보내 태평양전쟁을 도발할 만큼 위협적인 일본을 상대로 한 우리 국민의 독립투쟁은 세계 어느 곳에서도 찾아보기 힘든 열정과 에너지를 분출했다.

해방 이후에도 대한민국 국민의 넘치는 활력은 세계에서 독보적인 경제성장을 이루는 엔진이었다. 세계의 최빈국에서 50년도 안 되어 OECD에 선진국 클럽에 가입하는 기적과도 같은 성장을 이룬 것이다. 이런 쾌속 성장은 단순히 몇몇 정치인과 경제인이 이룬 쾌거가 아니다. 우리 국민이 가난에서 벗어나고자 피땀 흘려 이룬 성과라 보는 것이 맞다. 전쟁의 폐허를 딛고, 원조에 기대어 하루하루를 이어 가면서도 미래를 준비한 국민의 자기희생적 노력이 없었다면 감히 이룰 수 없는 쾌거라 생각한다. 21세기 들어 전 세계를 석권하면서 'K-컬쳐'를 선도하는 문화산업의 성장 역시 같은 맥락일 것이다.

하지만 무엇보다 놀라운 건 민주주의에 대한 우리 국민의 열정이다. 반공을 내세우며 독재체제를 유지하던 이승만 대통령을 혁명으로 권좌에서 몰아낸 것도 국민이었다. 민주주의 회복을 위해 당시 청년학생과 지식인들이 흘린 피로써 이룬 4.19혁명은 우리 국민이 쟁취한 첫 번째 민주혁명이었다.

박정희 소장을 필두로 한 무도한 군부의 5.16. 군사 쿠데타로 대한민국의 민주주의가 후퇴하는 듯했지만, 그 철권통치하에서도 민주주의를 향한 대한민국 국민의 열의는 식지 않았다. 특히 1970년대의 민주주의 운동은 이후 대한민국의 민주주의 운동의 뿌리로 이어졌다.

박정희 대통령을 이어 다시 전두환 소장을 중심으로 한 하나회 장군들이 군부 독재를 이어 갔다. 그러나 우리 국민은 민주주의를 쟁취하기 위해 줄기차게 맞서 싸웠다. 총칼을 앞세운 군부에 맞선 광주민주화항쟁에서 피 흘린 이들도 국민이었고, 그 정신을 이어 1987년 6월 민주화항쟁을 이끈 주역도 국민이었다. 1987년 6.29선언과 이어지는 헌법 개정이라는 결실을 얻어 낸 것은 불의에 굴하지 않은 정의로운 국민이 있었기에 가능한 일이었다.

그리고 마침내 1991년 30년 남짓 이어진 군부 독재를 물리치고 문민정부를 탄생시키고, 다시 평화적 정권교체로까지 나아가며 대한민국을 명실상부한 민주공화국으로 재탄생시킨 주역 역시 국민이었다. 참으로 대한민국 국민은 위대한 민주주의의 영웅이다.

# 국민의 뜻이 모여 세상을 바꾸다, 촛불혁명

"피청구인의 위헌·위법 행위는 국민의 신임을 배반한 것으로, 헌법 수호의 관점에서 용납될 수 없는 중대한 법 위배행위이다. 피청구인의 법 위배행위가 헌법 질서에 미치는 영향과 파급효과가 중대하므로, 피청구인을 파면함으로써 얻는 헌법 수호의 이익이 압도적으로 크다. 이에 재판관 전원의 일치된 의견으로 주문을 선고한다.

주문: 피청구인 대통령 박근혜를 파면한다."

2017년 3월 10일 오전 11시 20분, 헌법재판소 대심판정에서 이정미 헌법재판소장 권한대행이 엄중하게 읽어 내려간 주문이다. 헌법 재판관 8명 전원의 만장일치로 내린 판결이었다. 2016년 12월 9일 국회가 대통령 탄핵소추안을 의결하고 헌법재판소에 접수한 지 92일 만의 결정이었다. 대한민국 헌정사상 국회의 탄핵심판 청구를 헌법재판소가 인용한 최초의 현직 대통령 탄핵으로 기록되었다.

탄핵은 대한민국의 주권자인 국민을 배신한 박근혜 대통령에 대한 국민의 분노한 촛불혁명으로부터 시작되었다. 2016년 10월, 대한민국은 뜨겁게 달아올랐다. 국민은 곧 '박근혜 정권 퇴진'을 외치며 민중총궐기 단체행동에 나섰다. SNS와 유튜브를 통해 모든 시위는 실시간으로 방송됐고, "이게 나라냐!"라며 "박근혜 대통령은 물

주말 저녁마다 광화문광장을 환하게 밝히던 그 자리에 정치인이기 이전에 국민의 한 사람으로서 함께했었다. 그곳에서 촛불을 함께 밝히면서 나는 '살아 있는 민주주의' 인 국민의 힘을 깨달았다.

러나라!"고 외쳤다. 전국의 도시 곳곳에서 서명운동이 벌어진 것은 물론, 전국 각 대학 학생회와 교수, 사회단체들과 버스들의 경적 시위, 촛불이 횃불이 되어 타오른 광주의 횃불 시위까지 분노하지 않는 이가 없는 듯했다.

"비폭력!"

"준법시위!"

"의경 괴롭히지 마!"

누군가 과격한 행동을 하거나 의경에게 항의하려 하면, 시민들은 이렇게 외쳤다. 보도블록을 뜯어 돌을 던지는 대신 꽃을 던졌고, 경찰차의 유리를 깨는 대신 꽃 스티커를 붙였다. 과격한 구호를 끊임없이 외치기보다 함께 노래를 부르는 축제이자 촛불문화제였다.

우리는 촛불혁명을 통해 세계가 주목할 만한 민주주의를 실현했다. 누적 인원이 1,680만 명 남짓한 인원이 약 스무 번의 집회에서 단 한 번도 폭력 사태로 번진 일이 없었다. 세계가 집중한 대한민국 국민의 촛불집회는 많은 찬사를 받았다. "한국은 민주주의를 어떻게 실현하는지 전 세계에 보여줬다."라며 〈워싱턴포스트〉가 극찬을 보낸 우리의 촛불집회는 1925년에 설립된 독일의 공익재단인 '프리드리히 에버트 재단'의 '2017 에버트 인권상'을 수상하기도 했다. 수상 이유로 "민주적 참여권의 평화적 행사와 평화적 집회의 자유는 생동하는 민주주의의 필수적인 구성요소"라며 우리 국민이 전 세계에 각인시켜 주었다고 평가했다.

그리고 2016년 12월 9일 오후 4시 10분, 박근혜 대통령의 탄핵소추안이 국회에서 가결되었다. 이로써 오후 7시 03분엔 대통령 권한 행사가 정지되었으며, 이듬해 3월 10일에 헌법재판소 재판관 만장일치로 대통령직에서 파면됐다. 촛불이, 국민이 승리한 것이다. 가을부터 주말마다 광화문을 밝히던 촛불시민들, 바로 대한민국 국민이 세상을 바꾸었다.

2016년 12월 10일 토요일. 박근혜 대통령 탄핵소추안이 가결 후 광장의 촛불은 다시 타올랐다. 뺨이 얼어붙고 손이 곱아드는 추위에도 손에서 손으로 전해지는 촛불은 따뜻했다. 정권 퇴진을 외쳤던 국민의 얼굴은 기쁨으로 가득했다. 광장에 선 국민은 스스로 불의를 물리쳤다는 보람에 아이부터 어른까지 다 행복해 보였다. 주말 저녁마다 광화문광장을 환하게 밝히던 그 자리에 정치인이기 이전에 국민의 한 사람으로서 함께했었다. 그곳에서 촛불을 함께 밝히면서 나는 '살아 있는 민주주의'인 국민의 힘을 깨달았다.


대한민국의 주권은 국민에게 있고,
모든 권력은 국민으로부터 나온다


베이징을 여행하는 사람들이 자주 찾는 곳 가운데 '이화원'이 있다. 서태후가 살았던 별궁으로 유명한 이곳엔 '쿤밍호(昆明湖)'라는 인공호수가 시원스레 펼쳐진다. 베이징에 갔을 때 둘러보면서 그 규모의 장대함에 놀랐던 터라 오래 기억에 남는 곳이다. 안내해 주신 분의 설명에 따르면 궁전 북쪽에 호수를 만들면서 나온 흙을 쌓아 올려 만들었다는 '완서우산(萬壽山)'이 있다.

재미난 건 개성에 있다는 '만수산'과 그 한자가 같다. 조선의 태종 이방원이 정몽주를 끌어들이기 위해 읊었다는 시조 〈하여가〉에 나오는 '만수산 드렁칡'의 그 만수산이다. 바다처럼 펼쳐진 호수를 사람이 만들고 거기서 나온 흙으로 산을 만들었다니, '우공이산(愚公移山)'의 고사가 허풍이 아닐지도 모르겠다는 생각을 했다.

그 밖에도 참 볼 만한 것이 많은 곳인데 유독 눈길을 끌었고, 잊히지 않는 것이 바로 석주(石舟) 또는 석방(石舫)이라 불리는 돌로 만든 배였다. 안내인이 들려준 돌배에 얽힌 사연이 정치인인 내게는 예사로 들리지 않았기 때문이다.

순자는 이런 말을 남겼다 한다. "물은 배를 띄울 수도 있고, 뒤집어 가라앉힐 수도 있다(水則載舟 水則覆舟)." 이 말은 "물은 곧 백성이고, 배는 곧 군주를 뜻하나니, 백성은 군주를 떠받들지만, 그 군주가 시원치 않으면 뒤집어엎기도 한다."는 경고를 담고 있다. 그런데 서태후의 폭정이 이어지자 당시 지식인들이 순자의 이 말을 빌어 서태후를 비판하였다고 한다. 절대권력을 행사하던 서태후였으니 그런 비판이 마땅치 않았을 테고…. 살짝 오기가 났던 서태후는 "그럼, 어디 한번 뒤집어 봐라." 하고 돌배를 만들어 권력의 영원함을 과시하려 했다는 이야기를 들려주었다.

아무리 이빨 빠진 호랑이였지만, 대청제국을 쥐락펴락하는 권력자였으니 그랬을 수도 있었겠다. 안내인은 '전하는 말'이라고 전제했으니 실제로 서태후가 그런 마음으로 돌배를 만들었는지는 모르겠다. 하지만 자신이 거처할 이화원을 증축하는 데 필요한 경비를 해군 창설 비용 가운데서 2,400만 냥을 유용했다고 한다. 이로 인해 청의 해군이 청일전쟁 당시 일본해군에게 힘 한번 못 써 보고 패했다고 한다.

또한 권력의 영원함을 과시하려 했지만 1908년 서태후가 죽고 3년 뒤에는 신해혁명으로 인해 대제국 청나라도 역사의 뒤안길로 사라지고 말았다고 한다. 국민과 권력자의 관계를 은유한 돌배의 이야기가 이화원을 둘러보는 내내 머릿속에서 떠나지 않았다. 이 돌배 이야기는 나에게 대한민국 헌법의 제1조 2항을 상기시켰다.

"대한민국의 주권은 국민에게 있고, 모든 권력은 국민으로부터 나온다."

대한민국에서 통용되는 모든 권력은 주권자인 국민에게서 나오는 것이니, 그 어떤 권력자도 국민을 거스를 수 없고, 거슬러서도 안된다는 너무도 당연한 이야기가 새삼 되새겨졌다. 그런 점에서 국민을 배신한 오만한 권력자의 최후는 늘 비참했다.

권익위원장 임기를 마치고 광화문에 섰다. 후쿠시마
핵오염수에 대한 국민의 우려를 전하기 위해서였다.
그 어떤 권력자도 국민을 거스를 수 없고, 거슬러서
도 안 된다. 국민을 배신한 오만한 권력자의 최후는
늘 비참했다. 잊지 말아야 한다.

그런데 불과 5년짜리 계약직 국민의 공복인 대통령이 마치 백성 위에 군림하는 서태후의 시선으로 국민을 바라본다면 어떻게 되겠는가? 절대권력도 백성의 소리에 귀 기울이지 않고 그들의 믿음을 얻지 못하면 스러지는 마당에, 민주공화국의 대통령이 계속 국민의 소리에 귀를 닫고 소통을 거부한다면 국민은 결국 행동할 수밖에 없을 것이다. 다시 점화된 거리의 촛불이 점점 세를 불려 가고 있다.

## 국민의, 국민에 의한, 국민을 위한 정부를 향하여

나를 향한 윤석열 정권의 사퇴 압박은 전현희 개인에 대한 공격이 아니었다. 그것은 우리 국민이 피로써 쟁취한 민주주의와 법치주의의에 대한 조롱이자 위협이었다. 정권의 민주주의와 법치주의의 훼손은 우리 국민이 결코 오랫동안 묵과하지 않을 것이라 믿는다. 우리 현대사는 국민이 함께 완성한 민주주의 혁명의 역사이기도 하기 때문이다.

그러나 2016년의 겨울처럼 온 국민이 거리로 나와 촛불을 밝히는 일이 다시는 없기를 바란다. 그건 그 권력자에게도 불명예스러운 일이지만 국민의 입장에서도 반길 일이 아니기 때문이다. 지난 1년 동안의 정권의 전방위적 탄압에 만신창이가 된 상태에서 임기를 마치는 이임사에서 나는 윤석열 정권을 향해 이렇게 고언을 남겼다.

"안타깝게도 오늘날 대한민국은 '정치의 부재와 정쟁의 과잉'의 시대입니다. 국가의 주인인 국민은 안중에도 없는 이러한 행태는 그 자체가 국민의 권익을 침해하는 일이 아닐 수 없습니다. 국민권익위원장으로서 재직하고, 그 직을 떠나는 입장에서 간곡히 바라건대 지금이라도 국민으로부터 국정을 위임받은 권력자들과 공직자들께서 국민의 눈높이에서 낮은 자세의 겸허한 행정으로 '권력을 가진 자의, 권력을 가진 자에 의한, 권력을 가진 자를 위한' 정부가 아니라 '국민의, 국민에 의한, 국민을 위한 정부'로 거듭나 국민의 권익을 지키는 국민과 함께하는 행정을 펼치시길 진심으로 소망합니다."

직원들 앞에서 이 이임사를 읽어 가면서 그동안 있었던 일이 주마등처럼 스치며 지나갔다. 죽음과도 같은 공포 속에서도 포기하지 않고 꿋꿋하게 민주주의와 법치주의 원칙을 지켜 냈다는 사실에 자부심도 들었다. 하지만 다른 한편으로는 그동안 고생했던 직원들에 대한 미안함에 감정이 북받쳤다.

사람들은 나에게 윤석열 정부와 맞짱 뜬 투사라고 한다. 그러나 나는 처음부터 투쟁이나 투사가 되겠다는 생각을 한 것은 아니었다. 단지 국민의 명령이자 국민과의 약속인 법에 정한 임기를 지키기 위해 노력했을 뿐이고, 법률가 출신으로서 법을 지키는 것이 나에게는 너무나 자연스럽고 당연한 일이었던 것이다.

"임기는 국민과 약속이니 당연히 지켜져야 하고, 그것은 민주주의, 법치주의, 공정, 상식이다."

윤석열 대통령은 검찰총장 시절, 사퇴 압박을 받을 때 국회에서 당당하게 했던 말이다. 그랬다면 자신이 대통령이 되었어도 자신이 했던 말을 지키는 것이 책임있는 정치인의 태도다. 또한 법률에 정해진 임기를 지키는 것이 법치주의 원칙에 부합하고, 법을 지키는 것이 윤석열 정권의 국정철학이라는 공정과 상식이다. 국민의 명령인 법을 지키는 당연한 길이 윤석열 정권에서는 투사가 되는 길이었다는 것이 역사의 아이러니가 아닐 수 없다.

윤석열 정권이 만든 투사, 전현희!

여전히 어색하고 낯설다. 그러나 내가 이루어야 할 소명이 있다. 불의와 맞선 투쟁! 법률이 정한 임기를 사퇴 압박하며 법치주의를 무너뜨린 불의. 공정과 상식을 국정철학으로 내세우면서 탄압으로 그 위선을 드러내는 '내로남불'의 불의. 이 모든 것이 내가 앞으로 맞서 싸워야 할 적벽대전 조조의 백만대군이다.

정권의 탄압에 맞서 싸우면서 지금까지 내 몸에 박힌 십만 개의 화살들을 뽑아 불의에 맞설 정의의 불화살로 가다듬고 있다. 화살을 하나씩 뽑아 불을 붙이면서, 정권의 탄압을 받으며 흘린 피와 고통이 생생하게 되살아난다. 화살 한 개에 내로남불, 화살 한 개에 법령위반, 화살 한 개에 대법원 판례위반, 화살 한 개에 직권남용… 십만 개의 화살마다 하나씩 그들의 무도한 범죄행위를 정조준한다. 시간이 지나면서 국민이라는 원군이 백만 개의 불화살로 함께 할 것이다. 나는 국민이 끝내 승리할 것이라 믿는다!